大グレゴリウス小伝

Petite vie de Grégoire le Grand

by

Pierre Riche

大グレゴリウス小伝

――西欧中世世界の先導者――

ピエール・リシェ 著
岩 村 清 太 訳

知泉書館

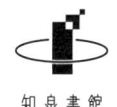

大グレゴリウス研究の復興に大きく貢献された
マルー教授に謹んで本書を捧げる

序

「大」グレゴリウスと称揚される聖人の「小伝」とは、いささか矛盾している。たしかに本書は小著ではあるが、その内容から言えば、「第四の教父」とも呼ばれ、その活動と著作をもって〔中世以降の〕教会の構築に大きく寄与した人物をできるだけ多くの読者に紹介しようという野心的な書である。

グレゴリウスはいわゆる「暗黒時代」に生きた人物であり、長いことあまりよく知られていなかった。四七六年以降、西方ではもはやローマ帝国は存在せず、それに代わってラテン文化・キリスト教とは無縁な部族の諸王国が建設されていったが、東方ではビザンティン文化が華やかであった。一九世紀の歴史家たちによると、グレゴリウスは西方における文化水準の低下に責めを負うべき人物であった。グレゴリウスの『対話』（Dialogi）を読んだハルナック[1]は、そこにはあるのは「野卑なカトリック主義」（Vulgarkatholizismus）であると言い、モムゼン[2]によると、グレゴリウスは「ちょっとした偉人にすぎなかった」。クローデル[3]は、一九〇四年から一九〇五年の「日記」(Journal) から分かるように、リギュジェに滞在したあと、グレゴリウスの『ヨブ記倫理的解釈』(Moralia in Job 別名 Magna Moralia『大倫理書』)を繰り返し読みながらも、かれは果たして当時の知識人と交流をもっていたのだろうかといぶかっている。たしかに一九〇四年、ローマではグレゴリウスの死後一三〇〇年祭が催されたが、それは、後述するように、大グレゴリウスとは何の関わりもない「グレゴリオ聖歌」をたたえるものであった。ドゥッデン(4)の著作も人々の注意を惹かなかった。一九二五年、デュシェーヌ(5)の著作はこうした風向きを変えた。かれは『六世紀の教会』(Eglise au VIe siècle)(6)において、その一章を大グレゴリウスから書き始めている。それから三年後、バティッフォルは大グレゴリウスに関する小著を書き、それは古典的なものとして愛読された。

一九四三年、マルー(7)は『霊性』誌(Vie spirituelle)に寄せた論文において、それまでのグレゴリウス軽視の風潮を戒め、かれの膨大な著作のもつ価値を指摘している。マルーにとってグレゴリウスは霊性の父、神秘生活の神学者であり、霊性に関する重要な著述家のひとりである。マルーのあと、ベネディクト会士ルクレール(8)やジレ(9)がこれに続き、以後、他の研究者が連なっている。一九七七年、ダジャン(10)は『聖大グレゴリウス』(Saint Grégoire le Grand)という論文を発表し、一九八二年にはグレゴリウスを主題にしたシンポジウムがシャンティイで開催され、その八年後にはローマでも同じくシンポジウムがもたれた。こうした活動を契機としてグレゴリウス研究は盛んになり、かれの著作の学術的刊行も多く見られるようになっている。

セルフ出版社（Editions du Cerf）の『キリスト教原典叢書』（Sources Chrétiennes）のなかにもグレゴリウスの『ヨブ記倫理的解釈』の第一、第二巻（『叢書』では no. 32bis）、第一一―第十四巻（no. 212）、第十五―第十六巻（no.221）が仏訳され、刊行されている。また、『対話』（『叢書』では no. 251, 260, 265）、『エゼキエル書講話』（Homiliae in Ezechielem）（no. 327, 360）、『列王記上注解』（Commentarium in Librum Jugum）（no. 351）、『雅歌注解』（Commentarium in Cantica Canticorum）（no.314）の仏訳も公刊されている。またグレゴリウスの文通としては八四八通の書簡があるが――かれはそれ以上の書簡を書いたはずである――一九八二年、ノルベルク（D. Norberg）によって『キリスト教叢書』（Corpus Christianorum）のラテン語シリーズに第一一一巻として公刊されている。ドン・ミナール（Dom Minard）はその最初の二巻を『キリスト教原典叢書』no.370,371 として仏訳しているが（一九九一年）、それ以降の巻には手をつけていない。かれが仏訳したグレゴリウスの他の書簡は「Lettre de Ligugé」誌一六六号（一九七四年）、二二一号（一九八三年）に収められている。

大グレゴリウスに関する研究業績を洩れなく列挙することはできないが、R. Godding が作成した文献目録、Bibliografia di Gregorio Magno, 1890-1989, complementi I, Opere di Gregorio Magno, Roma, 1990 を参照してもらいたい。この目録には、二六〇八項目があり、Godding は "Grégoire le Grand à travers quelques ouvrages récents", Analecta Bollandiana, 1992, p.142-157 をもってそれを補完している。

その他、Mgr Batiffol, Saint Grégoire le Grand, Paris, 1928 のほかに、Histoire de l'Eglise, éd. Fliche et Martin, t.5, Paris, 1947, p.17-68 における R. Aigrain のすぐれた一章も注目に値する。

Charles Chazottes は、一九九五年、リヨンにおいて Sacerdoce et ministère pastoral d'après la correspondance de saint Grégoire le Grand(590-604) という学位論文を発表したが、これは残念ながらタイプ印刷にとどまっている。一方かれは小著ではあるが、Grégoire le Grand, Ed. Ouvrières, Paris, 1958 を出している。一九七七年には Claude Dagens, Saint Grégoire le Grand, culture et expérience chrétiennes, Editions Augustiniennes, Paris,1977 が出版されている。英語では、R. A. Markus, From Augustine to Gregory the Great. History and Christianity in Late Antiquity. Variorum Reprints, London 1983 と、さらに J. N. Peterson, The Dialogues of Gregory the Great in their late antique cultural background, Toronto, 1984 と、William D. MacCready, Signs of sanctity, miracles in the thought of Gregory the Great, Toronto, 1989 がある。イタリア語では、

Vera Paronetto, Gregorio Magno, un maestro alle origini cristiane d'Europa, Roma, 1985がある。

また辞典類におけるグレゴリウス関係の項目として、Dictionnaire de Spiritualité, t. 6, Paris, 1967, col. 872-910とDictionnaire d'Histoire et de Géographie ecclésiastiques, Paris, 1986, t. 21, col. 1387-1402におけるR. Gilletによる"Grégoire"の項目があり、ドイツ語では、Theologische Realenzyklopädie XIV(1985), c. 135-145におけるR. A. Markusによる"Gregor I"がある。

なお、シャンティイ（Chnatilly）におけるシンポジウムの成果は、一九八七年、J. Fontaine, R. Gillet, S. Pellistrandiによる編集のもとに、Centre national de la Recherche scientifique, Grégoire le Grandとして発表され、ローマのシンポジウムのそれは、Gregorio Magno et il suo tempo, Studia Ephemeridis "Augustinianum", no.34, Roma, 1991, 2vol.として刊行されている。John C. Cavadini (ed.), Gregory the Great a symposium, University of Notre Dame Presse, 1955; Robert Markus, Gregory the Great and his world, Cambridge University Press, 1997; Conrad Leyser, Authority and asceticism from Augustine to Gregory the Great, Clarendon Press, Oxford, 2000; Christophe de Dreuille (sous la direction de), L'Eglise et la mission au VIe siècle. La mission d'Augustin de Cantorbery et les Eglises de Gaule sous l'impulsion de Grégoire le Grand, Cerf, 2000;

Sofia Boesch Gajano, Gregorio Magno. Alle origini del Medioevo, Roma Viella, 2004（その仏訳は、Grégoire le Grand, Cerf Histoire, 2007, また Grégoire le Grand hagiographe, Cerf Histoire, 2008 の二巻本として刊行されている）; Rodrigue Bélanger, L'expérience de Dieu avec Grégoire le Grand, éd. Anne Sigier, Québec, Canada, 2007. また大グレゴリウス没後千四百年を記念して、Francesca Sara D. Imperio, Gregorio Magno, bibliografia per gli anni 1980-2003, Firenze SISMEL 2005; Gregorio Magno e l'invenzione del Medioevo, a cura di Luigi G.G.Ricci, Firenze, SISMEL ed. del Galluzzo, 2006; Enciclopedia Gregoriana. La vita, l'opera e la fortuna di Gregorio Magno, a cura di Giuseppe Cremascoli et Antonella degl'Innocenti, Firenze SISMEL, ed. del Galluzzo, 2008 が出版されている。

目次

目　次

目　次

目次

大グレゴリウス小伝

第一章　古代ローマ人グレゴリウス

ローマでもっとも閑静な街区で人々が長居しがちな場所のひとつが、「チェリオの丘」（Monte Celio）である。そこには庭園と古い教会があり、今なお「スカウロ坂」（Clivo di Scauro）と呼ばれているその坂道には、人々を感動させずにはおかない思い出が残されている。この丘の上に、グレゴリウスの両親の館も建てられていた。グレゴリウスの父ゴルディアヌス（Gordianus）と母シルヴィア（Sylvia）はともに元老院議員階級の家柄の出で、その一族からは、何人かのローマの司教と、フェリクス、アガペトゥス[1]ふたりの教皇が出ている。教皇アガペトゥスは「スカウロ坂」に図書館を設置していたが、これについてはのちにカッシオドルス[2]が言及している。

六世紀中葉のローマ

グレゴリウスがこの世に生を受けた五四〇年頃、ローマはビザンティン勢力の手中にあった。イタリアは五世紀末以降東ゴートに占拠されていたが、ビザンティン人は五三五年からその再征服に取りかかっていた。ところが、それから六年後イタリアは再びゴート族の手に落ちた。東ゴートのトティラ(3)は記念建造物を破壊し尽くしかねなかったが、ユスティニアヌス(4)がイタリアに派遣したベリサリオス(5)はそれを断念させた。五四六年、このビザンティン将軍はいったんローマを取り戻したが、五五〇年ローマは再度ゴート族に奪われた。さいごに、ナルセス(6)がローマに入りその再征服を決定的なものにした。二度ゲルマン族に占拠され、三度ビザンティン勢力によって奪回されたローマは、甚大な被害を受けた。ローマの水道は切断され、重要な記念建造物のいくつかは城塞に改造され、住民は気力を失い、飢餓に苦しみあえいでいた。

しかしローマは徐々に息を吹き返していく。ユスティニアヌスはイタリアとくに首都の再建を促進するため、ヴィギリウス教皇(7)の要請のもとに、五五四年かの有名な『プラグマティク・サンクション(8)』を公布した。かれはそのなかで、公的建造物を復元し、ローマの港と市場を再

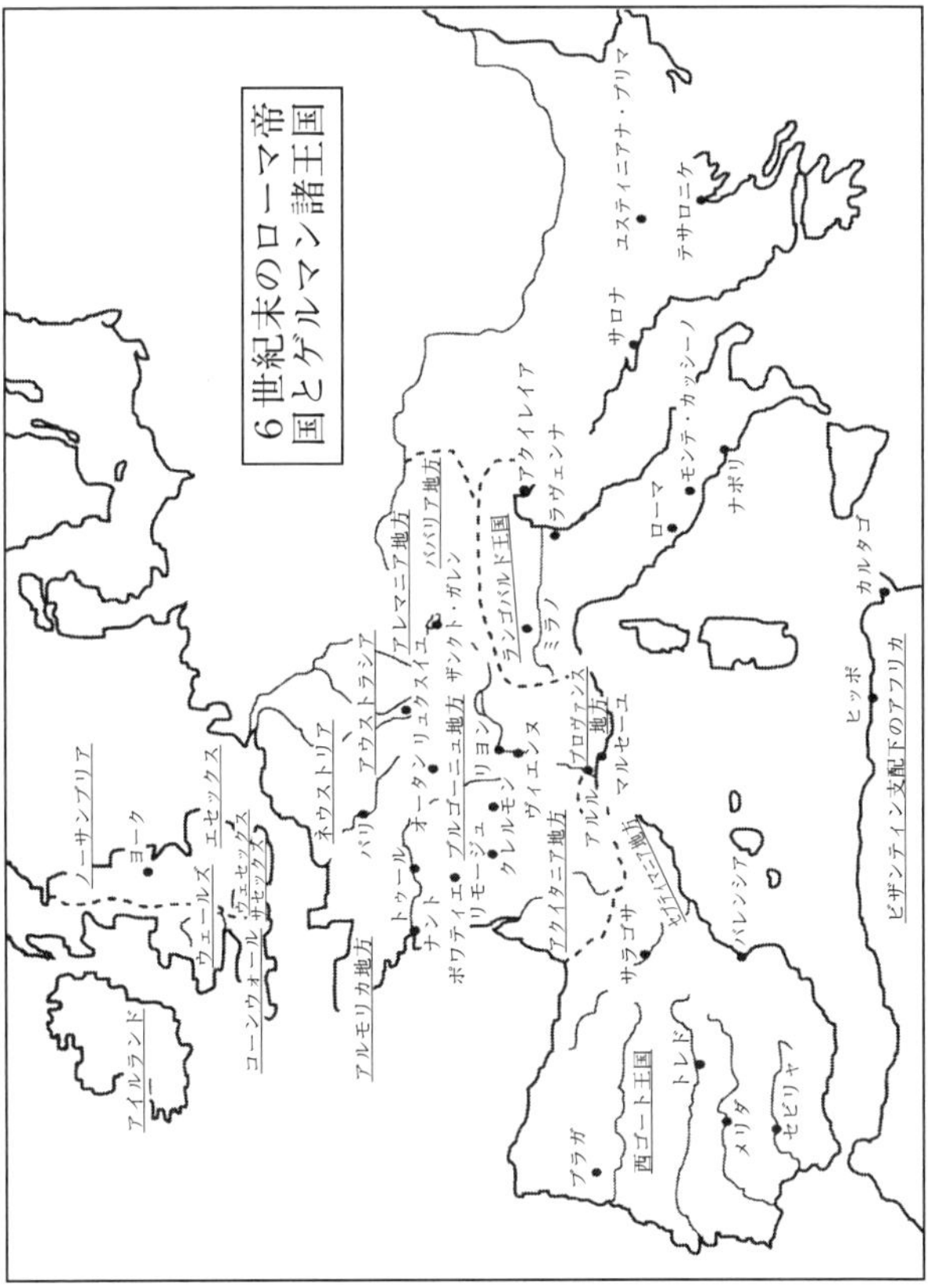
6世紀末のローマ帝国とゲルマン諸王国
ユスティニアナ・プリマ
テサロニケ
サロナ
アクイレイア
ラヴェンナ
モンテ・カッシーノ
ローマ
ナポリ
カルタゴ
ヒッポ
ビザンティン支配下のアフリカ
ミラノ
ランゴバルド王国
バヴァリア地方
アレマニア地方
ザンクト・ガレン
リュクスイユ
アウストラシア
ネウストリア
パリ
オータン
ブルゴーニュ地方
リヨン
ヴィエンヌ
プロヴァンス地方
マルセーユ
アルル
クレルモン
リモージュ
ポワティエ
トゥール
ナント
アキタニア地方
セプティマニア地方
サラゴサ
バレンシア
トレド
メリダ
セビリャ
ブラガ
西ゴート王国
アルモリカ地方
ノーサンブリア
ヨーク
エセックス
ウェセックス
サセックス
ウェールズ
コーンウォール
アイルランド

び機能させ、水道を修復させようとしている。とくに注目されるのは、文法学教師、修辞学教師、医者、法学者が元老院から給料を受けるようにすること、かれのことばを借りると、「帝国内で自由学芸を身に付けた若者が盛んに活動するようになること」を求めたことである。こうして、年ごろになったグレゴリウスはトラヤヌスのフォルムから遠くないところにあった学校に両親から送られ、文法学教師と修辞学教師から多くの学識を学んだ。

教養人グレゴリウス

手もとの助祭のひとりをローマに送ったことのあるトゥールのグレゴリウスは、(9)「〔大〕グレゴリウスは文法学、修辞学に造詣がきわめて深く、ローマの都市ではだれにも引けを取らないと思われていた」と述べている。しかし後述するように、大グレゴリウスは修道生活に入ったこともあって自分の学校生活についてはまったく触れていないが、その著作を読むものは、かれが青少年期をむだに過ごさなかったことを確認できる。かれは当時の人々に比べ、正しいラテン語を用いて書き、著作のあちこちでかつて学んだ古典を取り上げている。またその説教も修辞学の規則を用いて作成し、その文体も推敲を重ね正確さを期している。かれはセビリャの

6世紀末のローマ

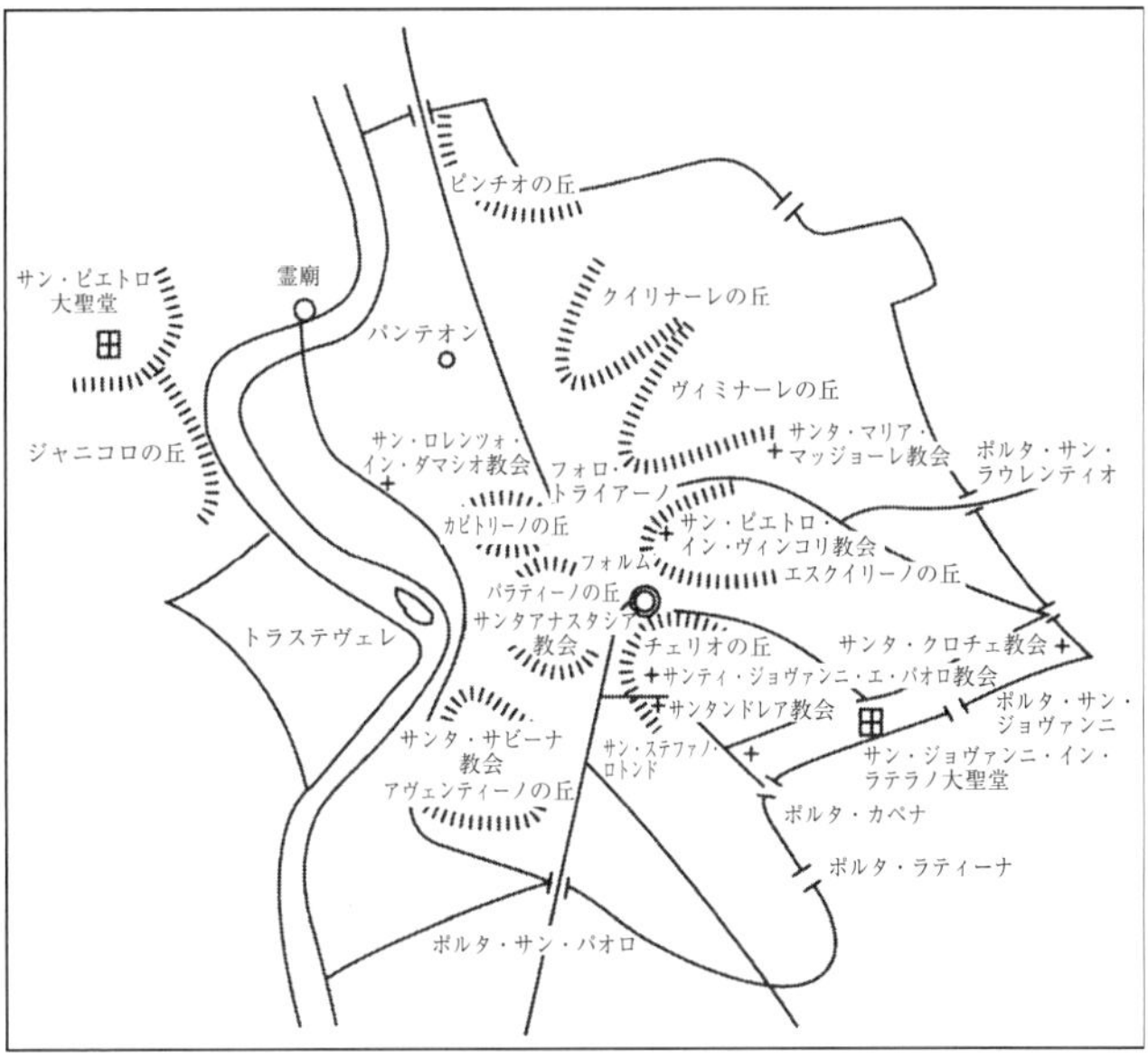
ピンチオの丘
サン・ピエトロ大聖堂
霊廟
クイリナーレの丘
パンテオン
ヴィミナーレの丘
ジャニコロの丘
サン・ロレンツォ・イン・ダマシオ教会
サンタ・マリア・マッジョーレ教会
ポルタ・サン・ラウレンティオ
フォロ・トライアーノ
カピトリーノの丘
サン・ピエトロ・イン・ヴィンコリ教会
フォルム
パラティーノの丘
エスクイリーノの丘
トラステヴェレ
サンタアナスタシア教会
チェリオの丘
サンタ・クロチェ教会
サンティ・ジョヴァンニ・エ・パオロ教会
サンタンドレア教会
ポルタ・サン・ジョヴァンニ
サンタ・サビーナ教会
サン・ステファノ・ロトンド
サン・ジョヴァンニ・イン・ラテラノ大聖堂
アヴェンティーノの丘
ポルタ・カペナ
ポルタ・ラティーナ
ポルタ・サン・パオロ

レアンデル(10)に自著の『ヨブ記倫理的解釈』――これについては後述する――を贈り、それに添えて書かれた書簡では、本書は口述による注解をもとに書かれたことを述べたあと、「より多くの閑暇があるとき多くの内容を書き加え、少し削除し、ある箇所はそのままにとどめ、また最初の読書で書き留めた注釈は著作全体に合わせて修正した」と説明している。そこには、教養人としてのかれの思考態度が示されている。グレゴリウスは古典教育を知らなかったとか、ましてそれを断罪したとかいう伝説は、最近の研究から見て断固排除されるべきである。

ローマ市長官

古代末期において古典教育を受けた若者の前には、ごく自然に責任ある公職への道が開かれていた。こうしてグレゴリウスは帝政の役所に入り、五七三年にはローマ市長官の職に就いている。この役職は、物資の供給、治安のほか、水道、製粉施設その他の公的建造物の維持管理など、この大都市のすべての公共機関の運営に当たることであった。

また、グレゴリウスの両親はイタリア半島とシチリア島に広大な領地を所有していた。したがってグレゴリウスは当然、その経営に当たらなければならず、こうしてかれは、後年ローマ教会の遺産を管理するための大きな経験を積むことになった。これらの領地は、二九年間の契約を結んだ管理者たちに委託され、かれらは、一定の小作料を支払って働く自由人のほか、大量の奴隷の仕事を監督していた。グレゴリウスと管理人との関係がどのようなものであったかは、のちに教皇となったかれが教会資産の監督者たちにあてた書簡から想像がつく。「年をとって子牛を産めなくなった牝牛やまったく役に立たない牡牛は、少なくともその代金を何かの役に立てるため売り払うべきである。無駄に飼っている牝馬は売り払いたい。ただ四〇〇頭の若い牝馬だけは、繁殖のために保存しておきたい。これらの家畜を預かる牧者たちには、その家畜から六〇デナリウスの儲けがないときは、六〇ソリドゥスを与えることはできない」（書簡Ⅱ・二八）。またグレゴリウスは、つぎのようにも書いている。「あなたが送ってくれた馬は歩き方があまりよくない。五頭のロバはよいが。この馬は可哀そうで、乗る気がしない。このすばらしいロバにも乗ることはできない。所詮、ロバにすぎない。お願いするが、私の必要を満たそうと思うならば、適当なものを連れて来てほしい」（書簡Ⅱ・五〇）。

かれがローマの学校と役所で学んだすべてのことは、すぐれた管理者になるために大いに役立った。グレゴリウスは res publica（公事）の意味をよく理解し、ユダヤ人に対する態度に示されているように、人々の権利を尊重し、節度ある寛大な態度をもってかれらに接しようとしている。かれは、帝国の偉大な奉仕者、とくにフォルムへの道脇に彫像の残るトラヤヌス帝(11)の政治を礼賛し、かれを模倣しようとした。アングロ・サクソンの伝説によると、グレゴリウスはその祈りをもってトラヤヌスを地獄の苦しみから救い出したとされている。グレゴリウスにとってローマ市民であることは特権であり、それは守るに値するものであった。かれは、ビザンティン皇帝フォカス(12)にあてた書簡のなかで、つぎのように書いている。「陛下の心のこもった統治のくびきのもとで、人々はそれぞれ自分の自由を取り戻しますように。なぜなら諸民族の王たちと帝国の皇帝たちとの間には、諸民族の王たちは奴隷の主人であるのに対しローマの皇帝たちは自由人の主人であるという違いがあるからです」(書簡XIII・三二)。

その後、ローマがランゴバルド族(13)によって攻囲されたとき、グレゴリウスは――しばしば引用される説教のなかで――今は失われたローマの栄光をつぎのように称賛している。「かつて世界の支配者であったローマは今、どうなったのか……。元老院はどこにあるのか。人民はどこにいるのか……かつて栄光のうちに満足していたすべての人はどこに。かれらを取り巻いていたお供のものはどこにいるのか、またかれらの誇りはどこにあるのか。かつては、子ども、若者、世界の若人、名門の子息たちが官途に就くためローマに馳せ参じていたが、もはやだれもわれわれのもとには来ない……『禿鷹の頭のように大きな禿げをつくれ』(「ミカ書」一・

一六、「エゼキエル書」七・一八参照）といった預言者のことばがローマにおいて実現されている。人間の禿げは頭に限られているが、禿鷹は年をとるとすべての羽毛を失い、全身が禿げてしまう」（『エゼキエル書講話』Homiliae in Ezechielem Ⅱ・六・二二）。

一方、グレゴリウスはビザンティンによる苛酷な支配や策略に無関心ではいられなかった。「かれらはこの地上の富を手に入れるため、また今もっているものを持ち続けるため、どれほどの煩わしい気遣いを引きずっていることか。これら不幸な人々は、同輩よりも高い評価を得ようと欲し、目下のものの大げさなへつらいを求めながら、逆に、長上には当然払うべき尊敬を欠いた態度しか取らず、自分の無能さを覆い隠すために一度ならず虚勢を張り、事を処するにあたっていかがわしい態度を取る一方、計略を弄して人々の耳目を自分に集めようと腐心している。しかも地上の事物に対する愛着はきわめて強く、かれらは茨の棘の痛みも感じない……道を誤ったこれらの人々は、この世の栄光を得るためならば、自分たちに降りかかる苦難を愛するまでになる」（『ヨブ記倫理的解釈』XX・一五・三〇）。グレゴリウスは帝国の務めを果たしつつ、自分は幸福ではなく、所有している富は重荷であり、金銭が支配するこの世俗において、またこの浪費に走る社会には自分の居場所がないことに気付いていく。こうした社会をかれはつぎのように批難している。「人間は、まず欲するものをすべて寄せ集めることを望み、欲望の腹のなかにそれだけの富を貯め込んだとき、それに飽き飽きし、息苦しくなる。かれは、獲得したものをいかに保持していくか、不安のうちにその方法を探す……土地が豊かな実りをもたらすようにという願望にはどれほど多くの願いが込められていることか。そして願いが叶えられると、畑は有り余るほどの収穫をもたらし、それを蓄える場所もなく、富者は財産が増えるにつれてどうすればよいか分からなくなる。おお、飽満は苦悩を産み出す」（『ヨブ記倫理的解釈』XV・二六）。

回心

当時、三五歳といえばかなりの年であるが、グレゴリウスはこの年齢に達したとき、自分がこうした世俗的活動の生活に不向きであることに次第に気付いていった。しかしどのようにしてそこから解放されたものか。かれはこの良心の危機について、先にあげたセビリャのレアンデルあての書簡のなかでつぎのように述べている。「私は長いこと、いつ果てるともなく、回心の恵みを先送りしていました。天国に対する願望を強く感じたあとも、私は世俗の衣服を身にまとう方がよいと考えていました。そのころから、私が永遠の愛をもって探していたものが私のまえに見えていました。しかし私の生活に食い込んだ慣習の鎖が私の生き方を変えるのを妨げていました。私の魂はまだ外部からこの世に仕えようと努めていましたが、しかしこの世に対する心遣いは、徐々に私の幸せに反する心配を無数に増大させ、外部だけでなく、より重大なことに、私の魂を束縛するほどでした。私は熟慮のあと、ついにこうした苦境から逃げ出して修道院という避難所に入り、そこできっぱり世俗に対する心遣いを放棄しました。少なくとも私はそのように信じ、裸一貫で生命の破滅から逃れたのです」（『ヨブ記倫理的解釈』の献呈書簡）。

両親が死去したあと、グレゴリウスはその決心を実行に移した。かれは、チェリオの丘にある自宅を修道院に変え、家に備え付けてあった一切のものを売り払い、その売り上げは貧者に施した(14)。

こうして古代ローマの貴族グレゴリウスは修道者となり、新たな生活を始めたのであった。

『司牧規則』の写本画（12世紀）

（画面の上段は，父ゴルディアヌスと母シルヴィアの間に立つ大グレゴリウス。下段は，遭難した［天使のもつ幟旗に書かれている］大グレゴリウス。写本画全体の四隅の人物は四つの枢要徳を示す［ms 512, fol., 4 vo］。ヴァランシエンヌ市立図書館蔵。© Giraudin）

第二章　修道者グレゴリウス

貴族が世俗から隠退しその住居を修道院に改造したという話は、四世紀以降の世界において耳新しいことではなく、この時代における異民族の侵攻やそれに伴う混乱は、こうした社会的、宗教的現象を助長する一方であった。グレゴリウスの周辺でも、貴族、元老院議員、上流階級の女性たちが同様な行動をとっている。かれのふたりの叔母タルシッラとアエミリアナは神に身を捧げていたし、ボエティウス(1)の義妹ガッラはサン・ピエトロ大聖堂の近くに修道院を創設していた。グレゴリウスは家族の広大な領地のあるシチリアに隠退することもできたであろうが、しかしこのローマ人は、ローマに留まり、チェリオの丘の自宅を望みどおりの修道院に改造するほうを選んだ。トゥールのグレゴリウスはつぎのように書いている。「かれはきらめく宝石をちりばめた絹製の緋色のトガ〔寛衣〕に身を包み、街中を歩くのがつねであったが、今はみすぼらしい衣服を身にまとい……粗食に甘んじ、夜を徹して祈り、断食の規則を厳守したので胃病にかかり、立っているのもやっとというほどになった……」(2)。大グレゴリウス自身、その『対話』において、「私はひんぱんに気を失い、断食に耐えられなかったが、しかし修道者エレウテリウスの祈りのおかげで、聖土曜日には断食をすることができた」と回顧している(『対話』Ⅲ・三三・七)。

共同体と会則

グレゴリウスは、かれを慕って集まった人々とともに自分の修道院で生活した。かれらのうち、スポレトのサン・マルコの元修道院長であったエレウテリウスのほか、何人かの名前は分かっている。グレゴリウスは、モンテ・カッシーノ修道院で聖ベネディクトを知っていたエクスピラトゥスと、ヴァレールの修道院長を務め五七〇年ごろ死去したエクイティウスの何人かの弟子たちを挙げている。そのなかには、チェリオの丘の共同体の修道院長であったヴァレンティオと、かれのあと修道院長となり、のちシラクサの大司教となったマクシミアヌスがいる。このように、グレゴリウスは修道院長の地位を拒否し、他のものと同様、一修道者としてとどまった。(3)

では、当時この修道院で守られていた会則はどのようなものであったのか。それは、たしかにベネディクトの修道会則ではなかった。当時の修道院は、たいてい東方教会の慣習とりわけカッシアヌス(4)の著作をもとに考案された独自の会則を用いていた。グレゴリウスが聖ベネディクトの弟子たちを知ったのは、モンテ・カッシーノが破壊されたあと、五八五年ごろのことである。実際、ベネディクト会の最初の修道者たちはラテラノ(5)に避難したが、グレゴリウスはかれらを介してベネディクトの生涯を知ったのであり、それについては『対話』第二巻において述べている。かれはまたその時、ベネディクトの会則にも接し、「これは注目すべき節度を保ち、明確なことばで書かれている」と称賛している。

世俗を捨てたものは、当然、それ以前の生活習慣を断ち切らねばならない。グレゴリウスはつぎのように書いている。「修道者の服装が示しているのは世俗への無関心ということである。修道院で生活しながら金銀を探し求める人々は、果たして世俗を捨てているのだろうか」（書簡XII・六）。

世俗から来た教養人には、これまでどおりの知的活動を続行したいというもうひとつの誘惑があった。修道者になったグレゴリウスは、世俗の知恵や学問の追究と手を切った。しかしそれは、一九世紀の歴史学者たちがしばしば言ったように、グレゴリウスが無知蒙昧さを礼賛したというわけではない。この問題についてはどれほど多くの誤解があったことか。グレゴリウスにとって、自由学芸は[6]「外部の学問」を代表するものではあるが、しかしその学習は断罪すべきではない。自由学芸の諸学は聖書学習の基礎をなすからである。かれが『列王記上注解』(Commentarium in Librum Regum) において言うように、「世俗の学問は、下に、平地に位置する。もしより高い段階に上がるために利用するならば、学問自体は悪ではない。世俗の書に関する教養は、それ自体、聖人たちの霊的戦いに役立たないとはいえ、それが聖書と結び付くとき、聖書に関するより深い知識をわれわれにもたらすことができる。自由学芸学習の唯一の目的は、自由学芸のもたらす教養をもって神のみことばをより明白にすることである」。グレゴリウスが付け加えるところによると、「悪魔はある人々の心から学ぼうという意欲を取り去ってしまう。それは、人々が世俗の学問に無知になり霊的事柄の奥義を理解しないようにするためである」(書簡V・八四)。修道者になったグレゴリウスは学習と瞑想に役立つ書しか手にしない。その書とは、「一切の学問、教えを超える」聖書である。

聖書の読書

聖書は最高の書である。それは万人に語りかけうる書であるからである。聖書は、その意味不明なことばをもって人々の能力を鍛錬し、その理解しやすい文章をもって魂を満たす。人はそれぞれ、自分の疑問に対する答えを聖書の中に見出す。グレゴリウスによると、「聖書は回転する大きな車輪のようなものである。聖書に含まれる教えの領域は、あるときは高く、あるときは低い。これらの教えは、より理解力のある魂に対しては霊的な仕方で語られるが、理解力の低い人は文字に従ってそれを理解する」（『エゼキエル書講話』Ⅰ・六・二）。人は聖書の読書によって、多くの世俗の人々を呑み込む洪水の中を足を濡らすことなく渡ることができる。それは、すべての人、つまり修道者だけでなくあらゆる身分の俗人にとっても必要である。すべての人が、神が人間に送った手紙であるこの聖書を読み、あるいは読み聞かせてもらうべきである。このことについて、教皇就任後のグレゴリウスがコンスタンティノープルの一医者に書いた書簡の数行をあげておこう。「もしあなたが地上の皇帝から親書を受け取ったならば、あなたはまず皇帝が何を書いてきたかを知るまで、息つくことも休むこともしないでしょう。ところで、天の皇帝、人間と天使の主であるお方があなたの生命に関わる手紙を送り届けたのに、栄えある子よ、あなたはその手紙を熱心に読もうともしない。お願いします。聖書を読み始めてください。そして毎日、神のみことばについて瞑想してください」（書簡Ⅴ・四六）。人は世俗のことに没頭すればするほど、聖書を読むべきである。

『ヨブ記倫理的解釈』の写本画（12世紀）

（教皇グレゴリウスは書記ペトロにその著作を口述筆記させている［ms 70, fol., 57］。ラン市立図書館蔵。© Giraudin.）

グレゴリウスが繰り返し言うところによると、聖書を読めば読むほど聖書はその人とともに前進していく。聖書はちょうどエゼキエル[7]が幻のなかで見た戦車のようなもので、聖書に関する理解は私たちのなかで前進していく。「戦車の車輪はいっしょに進み、いっしょに止まり、いっしょに上っていく。同様に、われわれが問いかける聖書は、質問するその人に自らを明かし、その人に同化していく。あなた方が世俗的活動の生活において前進するとき、聖書はあなた方とともに前進し、あなた方の霊が揺らぐことなく根気強く進歩するとき、聖書も同様である。あなた方が神の恩恵によって観想生活に到達したならば、聖書はあなた方とともに飛び立つ」（『エゼキエル書講話』Ⅰ・七・一六）。

神は、聖書において修道者に語る。神は、聖務日課においてかれに語りかける。日に幾度となく朗唱される「詩編集」を通して、また日曜日のミサにおける聖書朗読を通して語りかける。さらに個人的な黙読あるいは当時の会則に定められていたような小声での読書を通して語りかける。

しかし聖書はまた、学習の対象でもある。グレゴリウスは、オリゲネス[8]にまで遡る伝統に従って、さまざまな聖書の意味を修道者たちに教えようとした。第一の意味は歴史的あるいは字義的意味で、それは聖書の文章の内容を伝える。第二の意味は寓意的意味で、それは聖書の物語において比喩的に示され霊的解釈によってもたらされる。第三の意味は倫理的あるいは象徴的意味で、生活態度の改善に導く。聖書は、各自がその行動を規制するため自分を映して眺める鏡だからである。グレゴリウスは、とくに『ヨブ記倫理的解釈』においてこれらの聖書解釈の規則を応用している。

完徳という目標

聖書学習の目的は、人々に完徳の道を歩ませることである。「神は聖書の教えをとおして全人類に水を与え、その渇きを癒す。神は、傲慢なものを謙遜にし、小心なものに確信をもたせ、淫乱に走りがちな人を貞潔への愛をもって保護し、節制をもって貪欲から起こる誘惑を鎮め、正しい情熱をもって怠慢なものを立ち上がらせ、短気な人が興奮し怒りを爆発させるのを抑える。神は、われわれが必要とする徳の芽を聖書の中に見出しうるようそれぞれの性格に対応するみことばの力を聖書にもたせているからである」(『ヨブ記倫理的解釈』Ⅳ・一六・一二)。とはいえ、聖書はまた知的謙虚さへと導くはずである。「完全な知識とはすべてを知ることであるが、しかしまた知っていることについてなんらかの意味で無知であることでもある。なぜならわれわれはすでに神の掟を知り、また細心の注意をもって神のみことばの意味を把握し、さらに、われわれが理解したと思うことをすでに実行しているとはいえ、しかしそれでもなおわれわれは、こうした行為に対する裁きにおいてどれほど厳しく裁かれるかを知らないし、また神のみ顔をまだ仰ぎ見たこともなく、神の秘められたご計画を未だ理解していないからである」（上掲書XXVII・三七・六二）。従って、キリスト教徒そしてまず修道者は聖なる知識をもちえたことで高ぶってはならず、聖ベネディクトの言う「学者でありながら無知なもの、知恵をもちながら無教養なもの」の境地に達しないまでも、「無知の知」を身につけなければならない。ベネディクトは古典教養を拒否しながらも、修徳的教養を目指していた。グレゴリウスは、修道的神学に通じるはずの聖書的教養を身につけるため、かつて学校で学んだことを利用したのである。

さいごに修道者は、個人あるいは共同の祈りをもって、また聖書の朗読とその瞑想によって、天上の生活を先取りしたいという願望と観想生活の悦びをもたなければならない。「観想生活はこの地上において始まり、天上の祖国において完成される。愛の炎はこの世において燃え始め、愛するお方を目にするとき、いっそう燃えさかる」（『エゼキエル書講話』Ⅱ・二・九）。

コンスタンティノープル駐在の教皇使節

ところで、グレゴリウスの生涯に新たな局面が現れ、かれは修道院に長く留まることはできなかった。五七九年、教皇座に就いたペラギウス二世(9)はグレゴリウスを助祭に叙階し(10)、アポクリシアリウス(apocrisiarius)つまり教皇使節としてティベリウス二世(11)のもとに送ったからである。ランゴバルド族に包囲されたローマにとって事は重大であり、かつてローマ市の長官であったグレゴリウスはビザンティンに対しなんらかの影響力をもちえたからである。結果がどうなったかについては後述することにしよう。

グレゴリウスは独りで出立しようとはしなかった。行政上の責務を引き受けざるをえなかったとはいえ、かれは修道者としてとどまり、修道院における平和な生活をコンスタンティノープルにおいて再現しようとした。かれがセビリャのレアンデルあてに書いた書簡に注目しよう。「私は祭壇の役務〔助祭職〕に就いたとき、聖なる位階の重荷を引き受けさせられましたが、それは私がより自由に地上の宮殿の歩哨に立つための一つの手段であることに気付いていませんでした。兄弟愛の固い絆によって結ばれていた修道生活における幾人もの兄弟たちが、自然に、私につき従いました。それは神のお計らいの結果であったと私は考えています。神の摂理は、私が世俗の用事にたえず翻弄され漂っていたとき、兄弟たちの模範をもっていわば錨で固定させるようにして、私を静かな港に繋ぎとめてくれました。波浪と苦悩、世俗的娯楽に揉まれる私は、港のもっとも奥まった湾内に逃れるようにしてかれらのもとに避難するのでした。この任務は、私を修道院から連れ出したあと、諸問題という剣をもって、かつて送っていた平穏な生活をいわば根絶やしにしました。兄弟たちとともに暮らし、熱心な読書の効果もあって、悔恨の情が毎日、私の力になってくれました。そのとき、あなたも憶えておられるように、私の兄弟たちの要望に応え、またあなたの達てのお願いのもとに『ヨブ記』に注解を加え、これほど深奥な神秘を真に把握するにつれ、それをかれらに明かすようになったのです。かれらはその願いをさらに拡げて、物語の寓意的解釈だけでなくその道徳的適用を求めました。そして、それ以上やっかいなことに、かれらはその根拠となる章句の提示を求めてきましたが、その章句が明白でない場合、私は新たな説明をもって明確にしなければなりませんでした」(『ヨブ記倫理的解釈』の献呈書簡)。

『ヨブ記倫理的解釈』

こうして、大グレゴリウスの代表的な著作のひとつ『ヨブ記倫理的解釈』(Moralia in Job. 別名『大倫理書』(Magna Moralia))が書かれ、それは最終的には三五巻からなっている。本書は、修道者に対し、悪魔の誘惑に遭う人々の苦難とそれに対する神の偉大な力とを対比的に説明するもので、西欧中世における重要な霊性手引書のひとつであった。これについて、クロード・ダジャンはつぎのように書いている。「これは、神と同時に人間について語る講話である。この著作においてかれは一貫して、人間が神に近づこうとすればするほど、それから遠くかけ離れていくその歩みを筋立てて説明しようとしている(12)」。

グレゴリウスは、「かれの後には声が響き渡る、神は驚くべきみ声をとどろかせるからである」という「ヨブ記」(三七・四)の一文を説明してつぎのように書いている。「神のみ声はすばらしい音をもって響き渡り、秘められた力をもって不可解な仕方でわれわれの心に浸透する。それは潜在的な動きをもってわれわれの心に畏れを抱かせ、愛をもってこれを育成し、いわば無言のうちに、熱意をもってご自分に従うように求める。そのとき、声は静かなままであるのに、われわれの魂の中には抵抗しがたい衝動が生じる。この内なる声は、われわれの心の耳を外部の喧騒には閉ざさせ、それだけにわれわれの中においてその声はいっそう強く響く。魂は自分の中に潜心し、この内的叫びによって示されることに感嘆し、それまで知らなかった悔恨の気持ちが自分の中に湧き起るのを感じる」(『ヨブ記倫理的解釈』XXVII・四二)。ここには、グレゴリウスの神秘主義を示すすぐれた一例がある。

コンスタンティノープルに数年間滞在したあと、グレゴリウスは仲間の修道者ともどもローマに戻り、聖アンドレアと改名した自分の修道院に居を定め、修道院長マクシミアヌスの指導のもとに祈りと学習の生活に復帰した。そこでペラギウス二世は、助祭・修道者であったグレゴリウスに対し、修道院に留まりながら若干の奉仕を求めたようである。五八九年、テベレ川の氾濫によってローマは荒廃し、ペストがはびこり、五九〇年一月、教皇ペラギウス二世もこの病に感染して死去した。こうした深刻な状況において、聖職者と民衆は修道者グレゴリウスに援けを求めた。

第三章　ローマの司教グレゴリウス

グレゴリウスが最初にとった行動は、この栄誉を辞退することであった。トゥールのグレゴリウスは、つぎのように述べている。「かれはこの最高の栄誉をなんとか逃れようと努めた。この高位に就くことによって、先に捨てた世俗の高慢心が再び忍び込むことを恐れたからである。そのためかれは、その子を聖なる水盤からとりあげてやった皇帝マウリキウス(1)に書簡を送り、このような輝かしい地位にかれを就かせようとする民衆の願いにけっして同意しないように懇願した。しかしローマ市の長官ゲルマヌスはかれの使者を待ち伏せてこれを捕え、その書簡を破り捨て、逆に民衆が作成した同意書を皇帝に差し出した。そこで助祭〔グレゴリウス〕に親愛の情を抱いていた皇帝は、かれを称揚する機会を与えられたことを神に感謝し、確認書を発布してかれの任命を命じた(2)」。

この頃の状況は司教祝聖の儀式には不適であった。助祭グレゴリウスは大急ぎで難局の打開を図り、ペストの終息を祈願する行列を組織した。その時のかれの長い説教はトゥールの一聖職者によって伝えられ、トゥールのグレゴリウスの『歴史』（X・一）のなかに採録されているが、助祭グレゴリウスはそのなかでローマ人に対し悔悛を勧めている。かれは司祭、男女の修道院長、子ども、やもめ、既婚の女性たちに対し、ローマ市内の各地からサンタ・マリア・マッジョーレ教会に参集し、罪の赦しとペストの終息を祈願するように呼びかけている。

嵐のなかで

こうして伝染病は徐々に鎮静していった。そして五九〇年九月三日、グレゴリウスはヴァティカンのサン・ピエトロ大聖堂で司教として祝聖された。(3) この高位は、当初からかれをひどく悩ませた。かれはコンスタンティノープルの友人たちにあてた書簡や（書簡Ⅰ・四―六）、友人のセビリャのレアンデルあての書簡のなかで（書簡Ⅰ・四一）、幾度となく、自分が失った生活とこれから課される責務についてふれている。かれはレアンデルに対し、いかにもヴェルギリウス風の文体をもってつぎのように書いている。「私に従うこの民のなかにあって、私はこの世俗の波に揺さぶられています。その波はきわめて荒々しく、神が、隠されたご計画をもって私に舵取りを託されたこの古舟は、港に向かうのも覚束ないくらいのおんぼろです……

私は、今は失われた静寂な岸辺における安息を涙ながらに思い起こし、また激しい風のために近づくのもままならない対岸を嘆息しつつ眺めています」。グレゴリウスは親友の助祭ペトロに対しても、嵐の喩えをもってつぎのように書いている。「いま私は、大海の波浪に激しく揺さぶられ、私の魂という船は、激しい嵐の波に揉まれひどく揺れています。私はいわば後ろを振り返り岸辺を眺めながら、以前の生活を思い起こし溜息をついています。さらに重大なことに、私の船は巨大な波に巻き込まれ、出て来た港もやっと見えるほどです。魂の落胆は大変なものです。まず、持っていた資産を失い、その損失を今も思い返しています。また、身を引くことによって失った資産を忘れかけています。こうして、かつて実際に所有していたものを記憶をとおして見ることさえしなくなろうとしています」(『対話』I・序・五)。

以前の生活に対する未練や現在の生活における苦悩から、グレゴリウスは観想生活と活動生活とを対比的に考えるようになっている。これはかれの思想における大きな主題のひとつで、かれは皇帝の姉妹につぎのように書き送っている。「私はマリアとともに主のお側に座り、主のお口から出るみことばを聞こうと急ぎましたが、実は、マルタとともに外部の仕事に携わり多様な用務に取り組まざるをえませんでした」(書簡I・五)。またかれは五九五年、セビリャのレアンデルにあててつぎのように書いている。「世界の終末が近づきつつある混乱の今の世には悪がはびこり、内的神秘に奉仕しつつあると思われているわれわれ自身、外的事柄について思い患っています」（書簡Ⅴ・五三）。生涯にわたってグレゴリウスは、外的要件に忙殺されている自分を見て嘆いている。かれは、外面と内面とを対置して考えている。しかし司教になったかれは、たしかに不安定ではあるが、ふたつの生活様式の間に平衡を保たねばならないことに気付いていく。あとになって、かれは『司牧規則』（Liber Regulae pastoralis）においてつぎのように書いている。「司牧者は外的要件を処理するにあたって、けっして内部のことに対する配慮を減らしてはならず、内部のことを処理するにあたって外部のことへの配慮を放棄してはならない。それは外部の要件に専念することによって内部の要件において疲労しないためであり、あるいは内的な要件だけに気を取られ、隣人に対する外的義務に献身することを怠らないようにするためである」（Ⅱ・七）。こうして見ると、クロード・ダジャンが言うように、グレゴリウスは「観想と神秘的体験の博士であるだけでなく、内的なもの、外的なものの絶えず交錯する混合生活の博士でもある」[4]。

緊急な諸問題

ラテラノの宮殿に移るとすぐ、グレゴリウスは差し迫った諸問題を解決しなければならなかった。テベレ川の氾濫によってローマの下町は破壊され、ペストの流行によって人口は激減した。グレゴリウスは、自分をなんとか舵をとっている水夫にたとえている。「私は、あるときは真正面から立ち向かい、あるときは押し寄せる大波をなんとかかわしながら斜めに傾いた船を操っています。私は呻き声を挙げています。諸悪の巣窟をそのまま放置していたため、それは船底に多量に溜まっていき、われわれが恐ろしい嵐を横切る間、腐食した板片は崩れんばかりにきしんでいます」（書簡Ⅰ・四一）。それにもまして、スポレト地方に居座ったランゴバルド族はローマを脅かし、その間、ビザンティンの駐屯軍は苛立っていた。「われわれは、休みなく、外部からは敵の剣を突き付けられ、内部では兵士たちの反乱というべつの危機にさらされています」（書簡Ⅰ・三）。また生活物資をローマ市に補給しなければならない。かつてローマ市の長官であったグレゴリウスは、民衆が必要とするもの、また小麦を取り寄せることのできる地方のことには通じていた。ローマ教会の資産は膨大で、それはルカニア、カラブリア、ツスキア、プロヴァンス、シチリアに広がっていた。グレゴリウスは、これらの地方の役人つまり領地を管理し小作人たちを監督するローマ教会の代理人に書簡を送り、小麦を取り寄せた。グレゴリウスの多量の書簡が示しているように、かれは司教職在任中ずっとこれらの役人に多くの指示を出している。ローマ教会の副助祭でプロヴァンスの役人であったペトロあてのグレゴリウスの書簡には、領地からの収穫高と小作人の境遇に対するかれの配慮がよく示されている。

貧　者

また、大量の貧者がローマの道路、諸教会の柱廊にたむろしていて、ローマ教会の七地域を監督する助祭たちは、かれらの救済に当たらねばならなかった。貧者のなかには、戦さに伴う政治的危機に見舞われ落ちぶれた貴族たちもいた。五九一年三月、グレゴリウスはカンパニア地方の領地の役人に対し、つぎのように書いている。「あなたが出発するにあたって私はあなたに伝えましたが、そのあとも私は貧者の面倒を見るよう何度も厳命したことを思い出していますい。またその地方で貧窮に陥っているものに気付いたならば、この同じ飛脚に返書を持たせそれを私に知らせて欲しいのです。そのうちのある人々については、あなたはほとんど世話をしていません。あなたはこの書簡を受け取ったならば直ちに私の指示に従い、私の叔母であるパテリア夫人にその子どもたちへの手当として四〇ソリドゥスの金額と四〇〇モドゥスの小麦を与えてください。ウルビキウスのやもめパラティナ夫人には二〇ソリドゥスの金額と三〇〇モドゥスの小麦を与え、フェリクスのやもめヴィヴィアナ夫人には二〇ソリドゥスの金額と三〇〇モドゥスの小麦を与えてください。以上の八〇ソリドゥスの金額はあなたの会計から支出してください」（書簡Ⅰ・三七）。貧者は教会の献堂式の祝賀にも参加すべきである。グレゴリウスは、副助祭ペトロに対し、つぎのように書いている。「献堂式の挙行に際し、貧者を救済するために金貨一〇ソリドゥス、ぶどう酒三〇アンフォラ、パン二〇〇斤、油二壺、羊一二頭、鶏一〇〇羽を与え、それもあなたの負担で支払ってください」（書簡Ⅰ・五四）。

グレゴリウスは建造物のことよりもそのまえに貧者のことを考えている。かれはローマの都市計画を考える司教たちとは違う。教会については、それを維持し修理するだけで満足している。たとえば、かれはブルティウムから梁《はり》を届けさせ、それを用いて「城壁外のサン・パオロ教会」とサン・ピエトロ教会の骨組みを補強している。また『リベル・ポンティフィカリス』(5)（Liber pontificalis）によると、ローマの初代司教ペトロの記念を祝うため、「かれは至福なる使徒ペトロのために四脚の純銀の聖体容器を作らせた。またかれの聖遺骸を包むため緋色のマントを作らせ、一〇〇リブラの重さの金をもってそれを装飾させた。そして聖ペトロの聖墳墓の上でミサを捧げるように決めた」。ヴァティカンのバシリカで行われた発掘の結果、グレゴリウスがサン・ピエトロ大聖堂の「司祭席域」（presbyterium）を変更させたことが明らかにされている。われわれが知る限り、グレゴリウスが献堂式を執り行った唯一の教会はサンタガタ教会で、それはクイリナーレの丘のふもとにあり、かつてはアレイオス派[6]のゴート族が専有していたものである。

ラテラノの再編成

グレゴリウスはラテラノのサン・ジョヴァンニ教会、また宮殿のどれにも、少なくともその外形には手を付けなかったが、ローマの司教座に就いて間もなくその内部の改革に取り組んでいる。「かれは、様々な悪事を働いた助祭長ラウレンティウスを退任させ、司祭、助祭、書記、副助祭、ラテラノのすべての聖職者の列席のもとに、かれに代えてホノラトゥスをその聖位に付けた」（書簡 付録・三）。クリア（Curia）〔教皇庁〕において司教に次ぐ重要な人物の更迭は、当然、大きな反響を呼んだ。グレゴリウスは同時に、「司教領守護職」（vices dominus）を新設した。それは、ラテラノ宮殿の管理に当たる最高責任者で、いわば修道院において修道院長を補佐する副修道院長に等しいものであった。おそらくグレゴリウスは、修道院生活を再現しようとしたのであろうが、しかしすべての管理者を入れ替えることはできず、五九五年、教皇に個人的に仕えていた俗人を解雇することで満足している。かれは、俗人の代わりに助祭や修道者を用いたが、「それはかれらが司教の私生活の証人となり、また司教の私生活がかれらの模範となるためであった」。またグレゴリウスは、ある人々がしていたように司祭叙階あるいは免状の交付に際して贈り物をすることを禁じた。しかしかれは、思慮深く、つぎのように付言している。「もし叙階された人物が自発的に希望し、また何も求めなかった何人かの聖職者に何かを贈るよう唆されたり要求されることがなかった場合、われわれはそれは禁じない」と。

より重要な対策は、助祭のなかには説教あるいは施しに携わる任務にありながら美声に恵まれている場合むしろ歌唱者になる方を好むものに対し、かれがとった措置である。グレゴリウスは、つぎのように述べている。「聖なる奉仕のために美声の持ち主を探し求めることはあっても品行方正な人物を探そうとはせず、また祭壇の奉仕における聖歌隊主席歌唱者は歌声をもって民衆を魅了しながらもその生活態度をもって神の怒りを買うということが一般に起こっている。そのため私は、この司教座の管轄内における聖なる祭壇の役務者はけっして主席歌唱者の役を引き受けてはならず、荘厳ミサにおいては福音書の朗読だけを引き受けるべきであると定める。詩編の歌唱と朗読は副助祭が務め、必要な場合には下級聖品の聖職者がこれに当たることを私は決定する」。

では、九世紀のヨハンネス・ディアコノスが伝えているように、グレゴリウスは専門的な歌唱者の団体を組織し、こうして「聖歌隊」(scola cantorum)を創出したのであろうか。明らかにそれは違う。ラテラノには、かれ以前にすでに歌唱者たちが存在していたからである。またグレゴリウスは、「グレゴリオ聖歌」の創始者であったのだろうか。こうした意見ももはや認められない。この「聖歌」は、古いローマの聖歌とガリアの聖歌を併用することにより八世紀のガリアで誕生したものである。しかしグレゴリウスが典礼に無関心であったというわけではない。『グレゴリウス秘跡書』(Sacramentarium Gregorianum)は六二五年になってはじめて出現しているが、そこにはグレゴリウス教皇によって作成された祈りが含まれ、典礼史学者たちはこの点では一致している。グレゴリウスはコンスタンティノープル滞在中にビザンティンの典礼を知り、五九八年シラクサの司教にあてた書簡では、アレルヤとキリエの歌唱をギリシア人から借用したと語っている(書簡Ⅸ・一二六参照)。

またグレゴリウスは、聖職者の育成において重要なもうひとつの分野つまりラテラノの図書館の改組に関与したと考えられてきた。実際、この図書館が広く知られるようになるのは、かれが司教座にあったころのことである。この図書館は、かつてカッシオドルスがヴィヴァリウムに創設した修道院の書籍を取り寄せ、蔵書の数を増やしたのであった。その蔵書はかなりの数にのぼり、グレゴリウスはそのなかから東西双方の司教、修道院長、女帝、俗人に書籍を提供した。それらの書の内訳は、宗教会議の文書、聖書の抜粋、聖人伝であった。グレゴリウス自身、この図書館の蔵書を用いて学び、聖書注解に取り組んでいったのである。

聖書講話

実際グレゴリウスは、多忙の身でありながら聖書注解を続けていった。かれはまず『ヨブ記倫理的解釈』を続行して完成させ（書簡Ⅴ・五三）、また『列王記上注解』（Commentarium in Librum Regum）、『雅歌注解』（Commentarium in Cantica Canticorum）も著したが、とくに五九一年には「福音書」について、五九三年には「エゼキエル書」について一連の聖書講話（homiliae）を行っている。

大グレゴリウスと助祭たち

（イタリア，モンテ・カッシーノ修道院の写本画［1022年］。モンテ・カッシーノ古文書館蔵。© Dagli Orti.）

現在、四〇篇から成る『福音書講話』（Homeliae in Evangelia）が残っている。これは、ローマ市内の大バジリカ、諸教会だけでなく、サンタニェーゼ、サン・ロレンツォ、サン・パンクラティオ、あるいはオスティア街道のサン・メナスといった、さほど大きくない城外の教会で行われたものである。これらの聖書講話は日曜日に行われ、時として司教が病気の場合、書記が読み上げたものである。かれの聖書講話は有名であった。グレゴリウスは、これらの講話は速記を読み返し修正するまえにすでに人々の間に流布していると不満を洩らし、これらの読者は、ほどよく煮えるまえの肉に飛びつく飢えた人々に似ている、と評している。

『エゼキエル書講話』（Homeliae in Ezechielem）は、五九三年末、ランゴバルド族によるローマ包囲という劇的状況のなかで書かれている。本書は、『福音書講話』よりも限定された聴衆に向けられ、聖アンドレアその他の修道院から集まった修道者と、かなり教養のある俗人を相手に語られている。グレゴリウスはのち、これらの聖書講話を二巻本にまとめて提供している。第一巻は「エゼキエル書」第一章を注解し、第二巻は、神殿について述べる「エゼキエル書」第四〇章を注解している。グレゴリウスが「エゼキエル書」を選んだのは、そこにはバビロン人によるエルサレム攻囲に際してエゼキエル預言者が伝えた神託が書かれているからである。ランゴバルドによる危機が去ったあと、グレゴリウスはこの講話を中止したが、その八年後、自分の修道者たちの求めに応じて、書記が書き留めておいた原稿を読み直しまとめ上げたのであった。これらの聖書講話にはキリストの神性、託身、教会、自由意志、観想生活、活動生活などに関するグレゴリウスの思想の要点が見られる。

グレゴリウスはまた、自ら体験した苛酷な司牧活動についても語っている。「私は、ある時は教会に関係する紛争、ある時は修道院をめぐるもめごとに対処しなければならず、またしばしば個人の生活、行為についても判断を下さなければならない。さらに、私は公共の利益に配慮し、押し寄せるランゴバルドの剣に怯え、また私に託された群を待ち伏せる狼から守らなければならない。ある時は会則の規律のもとに生きる人々が必需品を欠くことがないように計らい、ある時は強奪者の蛮行に忍耐づよく耐え、あるいは注意深く愛を保ちながらかれらに立ち向かわなければならない。これほど多くの重大な問題が緊張を強いるとき、分裂し切り裂かれた私の魂はどうして説教に全力を集中し、ことばの役務を怠らないようにできるだろうか……」(『エゼキエル書講話』Ⅰ・一一・六)。このように、六世紀末のローマの司教は、多様な物的、霊的責務を負わされていた。かれは無能な帝国の役人を入れ替え、城壁の見張りに立つことを拒むものを罰し、ランゴバルドの侵攻を阻止するためあるいは休戦協定を結ぶために、「公庫」に一デナリウスの負担もかけることなしに身代金を払い、こうしてかれは、自分で述べているように「皇帝の財務官」にもならねばならなかったのである。

ランゴバルド族による危機

グレゴリウスは五九二年七月ラヴェンナの大司教にあてた書簡のなかで、スポレトの公アリウルフの軍隊がローマの城門のまえに現れたことを伝え、皇帝の代理である地方総督に対し、休戦協定を願い出る許可を求めている（書簡Ⅱ・三八）。また五九三年、アギルルフ王自身が(7)ローマに向かって軍を進めたとき、グレゴリウスは「エゼキエル書」に関する聖書講話を中断している。「私がいま話すのを止めたとしても、だれも私を咎めないでもらいたい。あなた方みなもご覧のとおり、私たちの試練は募る一方だからである。われわれの周囲には至るところに剣があり、至るところに恐るべき死の脅威がある。私たちのうちあるものは、腕を切断されて戻って来た。また他のものは捕虜にされ、他のものは殺害されたと言われている。『私は生きるのがいやになった』。だれも聖書の注解を頼まないようにして欲しい。『なぜなら私の竪琴はもはや喪の歌しか奏でず、私の笛は嘆きの声しか出さないからである』」（『エゼキエル書講話』Ⅱ・一〇・二四）。

そこでグレゴリウスは行動を起こし、ためらうことなく王と交渉し、貢物として金貨五〇〇リブラ〔ポンド〕を差し出した。ある年代記作者たちは、かつて大レオ教皇が四五二年アッティラ[8]と会見したように、グレゴリウスもアギルルフに会いに行ったらしいとも述べている。こうした自主的な行動はビザンティン人の機嫌を損ね、グレゴリウスとギリシア人との関係は気まずいものになった。グレゴリウスは、リッツァーノの司教につぎのように書いている。「われわれがあなたの友人ロマヌス〔地方総督〕の態度にどれほど耐えなければならなかったか、ことばでは言い表せません。かれの悪辣さを一言で言うならば、それはランゴバルド族のそれ以上のものである、ということです。その悪辣さ、掠奪、誤魔化しをもってわれわれから奪い尽くす帝国の役人たちよりも、われわれを痛めつける敵の方がまだましです。私は司教、聖職者、修道院、民衆の世話をしなければなりません。と同時に、ランゴバルド族に対して備えなければならず、役人たちの狡猾さ、悪計に対して警戒しなければならないのです。私の努力、苦悩がどれほどのものか、それらすべてに耐えねばならない私をより聖なる愛をもって愛するあなたの友情は、より正確にそれを推し測ることができるでしょう」（書簡V・四〇）。

　自分の意に反してローマの司教になることを引き受けたグレゴリウスは、自分がローマ教区だけでなくイタリア半島のかなりの部分を管轄する管区大司教（métropolitain）であることも弁えていた。

第四章　管区大司教

イタリアにおける教会の荒廃

イタリアには、ローマ、ミラノ、ラヴェンナ、アクイレイアといった四か所に管区大司教座(1)があった。従ってグレゴリウスは、イタリアにある多くの司教区、修道院を監督しなければならなかった。それもランゴバルド族との戦のさなかにおいてである。五六八年以降イタリアに侵攻したこのゲルマン人たちは、アレイオス派に加担するキリスト教徒つまり異端者であった。年代記作者たちとくにかれらのひとりであったパウルス・ディアコヌス(2)は、イタリアの荒廃について詳細に書き残している。デュセーヌ（Mgr Duchesne）によると、何十もの司教座が消滅した。ベネヴェントの公領では四七の司教座が失われ、さらにモンテ・カッシーノ修道院(3)も破壊された。またスポレトの公領では三五、ローマの公領では四つ、トスカナでは四つの司教座が消滅したなど。グレゴリウスは文通の大部分において、かれと司教たちとの関係を取り上げている。かれはひとつの司教座を他の司教座と合併させ、また司教に対しては罷免という処分もあることを仄めかしつつ司教区への定住を義務付け、さらに、司教選出を注意深く監視している。たとえば五九一年、ナポリの司教デメトリウスは罷免され、ひとりの訪問者と、副助祭でカンパニアの領地の管理者であったペトロが司教の選出を監視している。フォルトゥナトゥスが新司教に選ばれたが、その死後は、派閥間の調停をしなければならなかった。こうしてパスカシウスが選出されたが、かれは貧者に対し十分な配慮をもたず、またそれほど熱心でもなく、ただ造船のことだけに没頭し、「司教として神に対する畏敬を身につけるために何を為すべきか、どのようにあるべきかを学ぶため」(書簡 XIII・一七)、危うくローマ送還という厳罰を受けるところであった。

『司牧規則』

グレゴリウスは同じく司教職にあるものの職務遂行を支援するため、教皇座に就いた当初から、まさに司教たちの真の「鑑」とも言うべき『司牧規則』を書いた。かれはその献辞において、本書が四部に分かれていることを指摘する。司牧者になるものは、まず、切迫した状況において司教就任を求められた場合、この最高の職務に就くにはどのような心構えをもつべきかを真剣に吟味しなければならない。そして正当な仕方でこの聖務に就いたならば、それをどのように果たすかを考えなければならない。そして、それを正しく果たしているならば、どのように教えるべきかを考慮しなければならない。もし正しく教えているならば、毎日、それに十分な検討を加え、自分の弱点を知るようにしなければならない。

グレゴリウスにとって「学芸中の学芸」は、かつて言われたように哲学ではなく魂の指導である。しかしグレゴリウスが「魂への配慮」(cura animarum) というとき、かれはまた、貧者に対する物的援助や司教職に伴う世俗的役割のことも考えている。司教は、自分の勧告をすべての人の状況、性格に合わせて適応させつつ、かれらに奉仕しなければならない。「ある人々にとって有用なことは、往々にして他の人々には有害となる。ある動物の餌になる植物は、他の動物の命を奪う。低い口笛は馬を落ち着かせるが、不馴れな犬を興奮させる。ある熱を下げる薬は、他の熱を高くする。頑強な人を養うパンは、赤子にとっては命取りである。医者のことばは各自の必要に応じたもの、またそれを聞く人の体質に合わせたものでなければならない。とはいえ、かれは共同体を教導する術を放棄してはならない（第三巻序）。そしてグレゴリウスは第三巻を全面的に説教術の説明に当て、種々の状況について検討している。

『司牧規則』は、イタリアだけでなくアフリカ、スペイン、ガリア、ブリタニアの島々にまで広く流布していった。本書は、西欧中世のすべての司教の手引書となり、一三世紀には古フランス語に翻訳され、さらに中世末期以前にイタリア語、スペイン語にも翻訳されている。

司教の職務

グレゴリウスがその書簡のひとつにおいて述べているように、司教は、敵から都市を守るために軍隊を保持し、「城壁に上らなければならない」。司教はまた、捕虜になったものを買い戻し、貧者を救済し、都市に必需品を補給する義務がある。また司教団との一致のうちに聖職者たちの信仰の正統性に留意しつつ、人々の魂の救いに配慮しなければならない。司教は、腫れものを手術するより先に患部に手を触れ、やさしく癒す魂の医者である（書簡Ⅴ・四四）。かれはまた、賢明な対応をもって悪を矯正する父親でもある。グレゴリウスはカーリアリの司教につぎのように書き送っている。「われわれが携わる祭司職と誠実に向かい合うとき、われわれは人対人の愛の果実である心の一致によってわれわれの子どもたちと結び付くようになるはずです。こうして、父親としての肩書をもつわれわれは、その愛情をもって実際に父親であることを証明するのです。兄弟よ、われわれは今帯びているこの肩書を保持していかなければならないというのに、これほど多くの不満があなたに向けられているのを見て、私は驚かざるをえません」（書簡Ⅱ・一七）。

司教は、自分の教区を巡回しなければならず（書簡Ⅱ・一九、Ⅸ・三参照）、田舎の小教区の崩壊に手を打たなければならない。放棄された小教区に司祭を任命して新生児に洗礼を授けさせるようにする一方（書簡Ⅰ・一五、Ⅰ・五一参照）、そこにある礼拝堂に他の司祭を配置しなければならない（書簡Ⅸ・七一参照）。

司牧者は、とくにブルティウム、シチリア、コルシカ、サルデーニャ地方になお残存する異教徒の活動を根絶するため、十分訓練されていなければならない。グレゴリウスはそのため、良識に訴えること（書簡Ⅷ・一参照）、神の怒りを示して脅かすこと（書簡Ⅸ・二〇五参照）、俗権の援けを借りることなど、種々の手段を考えている。またサルデーニャの大土地所有者たちは、偶像崇拝を止めさせるために行動を起こさなければならない（書簡Ⅳ・二三参照）。

ユダヤ人問題

グレゴリウスは、ユダヤ人に対してはきわめて協調的な姿勢をとり、ある司教たちの攻撃的な態度には反対した。かれの書簡のうち約三〇通は、とくに都市に住むユダヤ人に当てられている。グレゴリウスは、市民法によって規定された宗教的行為の条件を遵守するように求めている。「ユダヤ人に対しては、法によってかれらに認められていること以外のことを会堂において何も許してはならず、また、かれらに認められていることにおいてかれらはいかなる妨害も受けることがあってはなりません」（書簡 Ⅷ・二五）。司教たちは、ユダヤ人会堂を占拠したり、ユダヤ人の宗教的行為を禁じたり、あるいは強制的に改宗させたりしてはならない。むしろ反対に、良識と温情に訴えるべきである。「キリスト教信仰をわれわれと共有しない人々は、優しさ、好意、励まし、説得をもって信仰の一致へと導かれるべきです。それとは反対に、脅し、威嚇といった手段は、説教による厚情、来世の生命を失う恐れによって信仰に導かれるはずの人々をむしろ遠ざけます」（書簡 Ⅰ・三四）。グレゴリウスは、ナポリの司教あてにつぎのように書いている。「キリスト教会外に生きる人々を真の信仰に改宗させようと心から望むものは、苛酷な手段よりも厚意をもってかれらに接すべきです。実際、敵愾心は、十分な説明をすれば同意に導きうるはずの人々を突き放すおそれがあります。これとは違った態度をとり、口実を設けてかれらの伝統的礼拝を阻止しようとするものは、神の利益よりも自分のことを気にしている人です。われわれは、好意と良識に訴えることにより、かれらがわれわれから逃げるどころかむしろわれわれについて来るようにしなければなりません」（書簡XIII・一二）。たとえば、キリスト教の教えはユダヤ人も読んでいる同じ文書に由来することを明示すべきである。「強制的な回心はまやかしであり、聖書にもとづく確信を伴わない改宗は永続しません」（書簡Ⅰ・四五）。

しかし人間の資質をよく見抜いていたグレゴリウスは、ユダヤ人に対しては、なんらかの利益を約束することによって容易に改宗に導きうることを知っていた。かれはシチリアの領地の管理人に対し、改宗したユダヤ人には小作料の一部を免除するように求め、「そうすれば、他の人々もこうした特典に気を惹かれ、たぶん同じような願望をもつようになるでしょう」（書簡Ⅱ・五〇）と書いている。さらにべつの書簡では、つぎのようにさえ言っている。「たとえかれらがあやふやな信仰をもってわれわれのもとに来たとしても、少なくともかれらから生まれてくるものはよりましな信仰をもって洗礼を受けることになるでしょう。こうしてわれわれはかれらを、さもなければその子どもたちを味方に付けていくのです」（書簡Ｖ・七）。

こうしたグレゴリウスの寛容な態度は、とくに西ゴート支配下の大方のスペイン人がとった態度とは異なるものであり、教会史において際立っている。一二世紀の『グラティアヌス法令集』(4)（Decretum Gratiani）にはグレゴリウスのいくつもの書簡が含まれているが、かれはそこで、ジュル・イザアク（Jules Isaac）のことばを借りると、「ユダヤ人に対し人間味のある衡平かつ相対的な保護を認める政策に道を開いているが、このことはグレゴリウスの評価を高め、またかれ以後の他の教皇たちの評価を高めるものである。なぜなら、教皇全部ではないにしても、かれの良識と心を学び継承しようとする幾人もの教皇によってひとつの伝統が打ち立てられたからである(5)」。

説　教

大グレゴリウスが絶えず念じていたことは、人々の回心ということであった。キリスト教徒をより熱心な霊的生活に回心させ、イタリア内外における異教徒をキリスト教に改宗させ、また後述するように、ユダヤ人を改宗させるなど。そして、その回心や改宗は温情と説教によって達成されなければならない。信仰を教えるために召された人々は「説教者の修道会」(ordre des prêcheurs) を形成する。グレゴリウスはドミニクスよりはるか以前に、こうした表現を思いついている。(6)『司牧規則』第三巻は全面的に説教に関する説明に当てられ、先述したように、グレゴリウス自身ローマでその模範を示している。この説教は聖書によって培われたものでなければならず、無学なものは説教をとおしてはじめて聖書を知るようになるはずである。

これと同じ考えから、グレゴリウスは、聖画像破壊運動の先駆者であったマルセーユの司教が偶像崇拝をおそれるあまり自分の教会の絵画を破壊させたとき、これを阻止しようとした。グレゴリウスは、『グラティアヌス法令集』にも採録されのちに有名になった二通の書簡において、つぎのように述べている。「画像は教会において有用です。文字を知らないものは、少なくとも壁画を見て、書籍から読みとることのできないことを学びうるからです」(書簡 IX・二〇九)。また「画像を拝むのと、拝むべきものを画像の示す物語をもって知ることとはべつのことです」(書簡 IX・一〇)。こうしてグレゴリウスは、「無言の説教」あるいは「貧者の聖書」と呼ばれる教えの手段を擁護している。

すべての司牧者が説教すべきであり、必要とあれば、修道者も説教しなければならない。「ある人々は、豊かな才能に恵まれながら観想の願望だけにとらわれ、説教をもって兄弟たちに奉仕することを拒んでいる。かれらは観想するために静寂を好み、孤独を求めている。もしこうしたかれらの態度を厳しく判定するとすれば、たしかにかれらは、自分が生まれたことにより奉仕を受けたかも知れない多くの人々に対し、責任を取らなければならないということである」(『司牧規則』Ⅰ・五)。したがって、修道者も司牧に参加しなければならない。かつて修道者であったグレゴリウスは、身をもってそれを示している。たしかに、観想生活を優先させようと決心し世俗から隠退したものは、原則として活動生活に戻ってはならない。司牧の役務は魂を混乱させるだけのものになりかねないからである。しかし当時のイタリアにおけるような特殊な状況に即して修道会組織の再生を試みるグレゴリウスにとって修道院は、必要なものを取り出すことのできる養殖池〔養成の場〕のようなものであった。司教は、もし修道院長が同意するならば、修道者を司祭に叙階することができる(書簡Ⅵ・二七、Ⅷ・一七参照)。後述するように、アングロ・サクソン人の改宗を目指して旅立ったのは修道者たちであった。

聖人たちの模範

説教はまた、信徒たちに先立って生きた聖人たちの模範によっても行われる。グレゴリウスは、イタリアの聖人たちの生涯と奇跡が人々に知られていないことを嘆き、五九三年、この点について調査をはじめている。かれは、「青春真っ盛りのころから親交をもって結ばれ」、「聖なることばに関する探求に協力してくれた」助祭ペトロとの対話という形で、のち大成功を収めることになる『対話』（Dialogi）を著したが、この書の目的もやはり回心である。「あるものは、現に生きている人々の模範と説教によって天の祖国に対する愛にいっそう燃え立つ。いずれにせよ、聴衆の魂はしばしば教父たちの模範に二重の利点を見出す。聴衆はこれら先人たちと自分を比較することによって、自分が未来の生命に対する愛に燃え立つのを感じ、また自分が何者かであると思うものは、他の人たちが自分よりもすぐれた行動をとったことを知り謙虚になる」（『対話』序・九）。ある文学評論家たちは、この『対話』は「通俗的で」、教養人にはふさわしくないと批判しているが、本書は四巻に分かれている。第一、第三巻は、イタリアの聖人たちの奇跡について簡潔に説明し、第二巻はヌルシアのベネディクトの生涯を取り扱い、第四巻は死と来世の瞑想に当てられている。

後世にとってとくに重要なのは第二巻である。グレゴリウスは、これもひとりの回心者である聖ベネディクトを特別に取り上げ、こうしてこの謙虚な修道院長をキリスト教世界全体に知らせ、のち「ヨーロッパの保護者」と名付けられるこの人物への計り知れない評価の起点になっていく。

レアンデル大司教に『ヨブ記倫理的解釈』を贈る大グレゴリウス

（12世紀のシトー会にあった『ヨブ記倫理的解釈』の
写本画。ディジョン市立図書館蔵。© Dagli Orti）

第五章　西方の総主教グレゴリウス

ローマの司教、イタリアの一部の管区大司教であったグレゴリウスは、西方の総主教(1)(patriarche)でもあり、方々の管区大司教区に起こることに対処していかなければならなかった。

イタリア北部

まず、ラヴェンナ、ミラノ、アクイレイアといったイタリア北部の管区大司教区がある。グレゴリウスは、ラヴェンナの大司教あてに約三〇通の書簡を書いているが、しかしかれらの所属司教にはなにも書いていない。このことは、かれが所属司教に対する大司教の裁治権を尊重していたことを示している。ラヴェンナの管区大司教は、ずっと以前からローマの大司教のライバルであった。東ローマ帝国の地方総督はラヴェンナに駐在していたし、一方、ラヴェンナの大司教は、伝統的に教皇によって祝聖されねばならなかったからである。グレゴリウスは、『司牧規則』を献呈したヨハネスが死去したあと、聖アンドレア修道院の修道者マリニアヌスがラヴェンナの司教として選出されるように取り計らった。しかしグレゴリウスが自分たちふたりに共通の友人に書いているように、マリニアヌスは「魂を変える必要があります。かれは、読書と祈りで十分であると考えないようにしてほしい。かれにはすべてのことから離れ、何事にも無関係なものとして生きる権利はありません。寛大な心をもち、窮乏に苦しむ人々のもとに駆け寄り、他人の困窮を自分のものとしなければなりません。さもないと、司教になっても、それは無意味です……」（書簡Ⅴ・二二）。後述するように、グレゴリウスはマリニアヌスに対し、ビザンティン帝国の地方総督がランゴバルド族と手を結ぶよう圧力をかけさせようと思ったようである。

つぎに、ミラノの管区大司教はランゴバルド王国内に居住し、かれらのもとにおける教皇代理としての役割を果たすことができた。グレゴリウスは五九三年、新任の司教コンスタンティウスにパリウム(2)を贈ったが、それは、ミラノの司教がすでに五七四年以降教皇ペラギウス二世治下において、いわゆる「三章」問題(3)による離反の態度を放棄していたことから、まことに時宜を得たことであった。ユスティニアヌス帝の命により招集された第五コンスタンティノープル宗教会議がネストリオス主義(4)の疑いのある東方神学者たちの「三章」を断罪して以来、イタリア北部の司教たちはローマ教会から離れていた。また教皇ヴィギリウスがユスティニアヌス帝の要請により「三章」の断罪に同意したことによって、西方のいくつかの教会もローマと手を切った。ミラノの管区では、パヴィア、ブレッシア、コモの司教たちがローマからの離反に加担したままであった。アクイレイアの管区全体も同様であった。ランゴバルド族の侵攻以来、グラドに避難していた管区大司教は、ローマといかなる関係ももとうとしなかった。グレゴリウスは、管区内の何人かの司教、たとえばトリエステの司教を離教から連れ戻すことに成功したが、しかし管区大司教セヴェルスはかれの誘いをことわった。

状況を複雑にしていたのは、ランゴバルド族がイタリア北部に定住し、しかもその頭領たちがアレイオス派つまり異端者であったことである。他のゲルマン諸部族と同様、かれらは三位一体について、聖子は、聖父と同一の実体をもつものではなく、聖父に従属していると考えていた。グレゴリウスはランゴバルド族の回心を大いに期待し、またビザンティンとゲルマン族の頭領たちとの和平を願い、あらゆる手を尽くした。このことにより、かれはラヴェンナでは批難され、東ローマ帝国の地方総督ロマヌスは、和平に賛同するものは犯罪者と見なすという匿名の文書を町に張り出させた。そこでグレゴリウスは、ラヴェンナの司教およびラヴェンナに滞在するかあるいは旅行中の司教たち、司祭、助祭、聖職者、貴族、民衆、兵士たちあてに正式の書簡を送り、例の文書の執筆者を破門した（五九六年四月、書簡Ⅳ・三四参照）。

ロマヌスが死去し、そのあとを継いだカリニキウスは、グレゴリウスと同じく和平を唱えた。この和平は五九八年に実現され、教皇グレゴリウスは、それについてアギルルフ王につぎのように感謝のことばを伝えている。「陛下がわれわれの願いを聞き届けられ、双方にたしかに益する和平を命じられたことに感謝いたします。なぜなら、もし神のみ旨に反しこの和平が締結されなかったとしたら、すべての人に利益をもたらすために働くあわれな農夫たちの血が今なお流されるのを私たちは目の当たりにしたことでしょう」（書簡Ⅸ・六六）。

グレゴリウスは、同じ飛脚をもって王妃テオドリンデ[5]につぎのような書簡を送っている。かの女は、夫君とは異なり、むしろババリア人の両親と同じくカトリックであった。「私は父としての愛情をもってあなたに挨拶を送ります。そしてあなたのいと高貴な夫君がキリスト教的国家の友情を拒絶することのないよう、働きかけることを希望しています」（書簡Ⅸ・六八）。しかしかの女は、「三章」問題で離反したカトリック教徒たちの圧力を受けていた。グレゴリウスは、かの女に警戒するように促し、何通かの書簡と贈物を交換し、かの女はその贈物をモンザの洗礼者ヨハネ教会に寄進している。パウルス・ディアコヌスによると、グレゴリウスはまたかの女に『対話』を贈り、こうして聖ベネディクトの生涯はイタリア北部に知られるようになった。教皇とランゴバルド宮廷との仲立ちをしたのは修道院長セコンドゥスであった。六〇三年、教皇はかれをとおして、テオドリンデとアギルルフの子アダロアルドがカトリックの典礼に従って受洗したことを知った。これは、かれにとって大きな勝利であった。王子アダロアルドは、父王に伴われてミラノの競技場に足を運び、メロヴィングの王女と結婚した。こうしてランゴバルド族はカトリックの王に支配されることになり、急速に正統信仰を取り入れていくことになる。それは、グレゴリウスにとっては大成功であり、かれがつねに主張してきた和平政策が正しかったことを証明するものであった。かれはつぎのように述べている。「もし私がランゴバルド族の滅亡を図っていたならば、この部族は今、王も、公も、伯ももたず、取り返しのつかない混乱に襲われていたことでしょう。しかし私は神を畏れるものであり、それがだれであれ、いかなる人の滅亡にも加担することを望みませんでした」(書簡Ｖ・六)。

アフリカ北部

ユスティニアヌスが五三五年ヴァンダル族の手から奪還したアフリカ北部では、カルタゴの管区大司教ドミニクスはグレゴリウスの司教祝聖を祝ってくれたが、しかしアフリカ教会の特権の維持には一抹の不安をもっていた。これに対しグレゴリウスは、つぎのように応じている。「管区大司教区の特権について、兄弟であるあなたが何のためらいもなく認可済みのものとして求めているとおり、私は自分の権利を守るのと同じく、各教会の権利を尊重します……」（書簡Ⅱ・四〇）。かれはその後、つぎのように書いている。「いと聖にして至福なる使徒のかしら聖ペトロの聖遺骸のまえで私はあなたのために祈ります。そしてあなたも聖なる殉教者キプリアヌスのまえで私のために祈って欲しいのです」（書簡Ⅵ・一九）。このことは、聖ペトロと聖キプリアヌス[6]を同列に置こうとしているというより、むしろキリスト教会におけるカルタゴ教会の特別の地位を認めるものである。グレゴリウスはまた、ヌミディア州の司教たち、とくにかれと親しかったコロンブスを安堵させている。アフリカの教会は、自分の慣習を維持しながらも、しかし四世紀以来、離教と反抗の態度を取り続けたドナトゥス派[7]を容認してはならない。グレゴリウスは、アフリカの地方総督に対し、管区内の敵と戦い、ドナトゥス派に改宗し再洗を実行しようとする人々を追放するように求めている（書簡Ⅳ・七、三二参照）。

スペインの教会

われわれが知る限り、グレゴリウスは、ビザンツ支配下のスペインの管区大司教たちとはあまり交流をもたなかったようである。かれは、皇帝の代理人によって罷免されていた司教たちを擁護し、またバレアレス諸島のある島の修道院の改革に手を貸している（書簡Ⅷ・四七参照）。主としてグレゴリウスが文通したのはセビリャの大司教レアンデルで、グレゴリウスはコンスタンティノープルでかれと知り合い、『ヨブ記倫理的解釈』をかれに献呈している。グレゴリウスは、この著作の執筆状況を逐一かれに報告し、またパリウムを贈っている（書簡Ⅸ・二二八参照）。

レアンデルは、西ゴート族のカトリックへの改宗（五八九年）における立役者のひとりであった。グレゴリウスは、レアンデルにあてた五九一年の書簡において、レカレード王がカトリックに改宗したことを聞いたときの喜びを、つぎのように表現している。「私はかれを知りませんでしたが、あなたの書簡によってその方の行動を知り、かれを愛するようになりました」(8)。グレゴリウスは、カトリックに改宗したためアレイオス派の父王から殺されたヘルメネギルドの事件をレアンデルから聞き、『対話』の一章においてこのことを採録している。かれによると、この殉教者はレカレード王の改宗に重大な影響を与えたという。五九九年、グレゴリウスはレカレード王に書簡を送り、アレイオス派の異端を決定的に撲滅するように激励し、助言を与え、聖遺物を贈っている。奇妙なことに、グレゴリウスは、メリダ、ブラガ、タラゴーナ、ナルボンヌの大司教とはまったく連絡を取っていない。西ゴート王国における教会は、部族中心の教会であったのである。

ガリアの教会

メロヴィング期のガリアの教会も同様であった。クロヴィスがキリスト教に回心して以来、王たちはガリアの教会を支配し続けた。グレゴリウスは、こうした状況を考慮に入れて、アウストラシア、ネウストリア、ブルゴーニュを支配する王たちに書簡を送り、ローマの教会がプロヴァンス地方に領地を所有していることを理由に、アルルの総督代理の管轄権を大司教ヴィギリウスの手に戻すことをシルデベルト王に受諾させている（書簡Ⅴ・五八―六〇参照）。またグレゴリウスは、アウストラシア王妃ブルネハウトに一一通の書簡を書き、王子に対するか

(9)

の女の教育をたたえ、写本を贈り、またパリウムを贈られたオータンの司教シアグリウスに関する高い評価をかの女に伝えている。かれはまた、司教の任命にあたっては聖職売買の禁止を厳守するように求め、さらに偶像崇拝と戦うように励ましている。一方、王に対しては、ガリアにおける教会改革を進めていくための宗教会議を開催するよう要望している。こうして打ち出された考えは、ずっとあとの六一三年、クロテール二世によって実現されることになる。

興味深いことに、ガリアに向けて書かれた六四通の書簡のうち半分以上が王あてで、残りは司教、修道院長、俗人あてに書かれている。その司教のなかには、上述したように司教座聖堂内の聖画像を破壊させたマルセーユの司教セレヌス、パリウムを贈られたアルルの司教セレヌスとオータンのシアグリウス、要望したにもかかわらずパリウムを得ることのできなかったヴィエンヌのデシデリウスがいる。デシデリウスは、ローマでは評判はよくなかった。名門出身のこの司教はきわめて高い教養の持ち主で、ヴィエンヌの何人かの市民に文法学を教えているといううわさが教皇に伝えられたからである。グレゴリウスはかれを咎め、「司教が教えるにふさわしい唯一の学芸は、魂の在り方に関するものである」と述べている。『グラティアヌス法典』に採録されているこの有名な書簡は、これまでしばしば言われてきたように自由学芸を断罪したものではない。グレゴリウスがデシデリウスに咎めているのは、かれが司教の職務に励むべき身でありながら、教師の役割を果たしたということである（書簡Ⅺ・三四参照）。

この同じデシデリウスあての書簡においてグレゴリウスは、イギリスに渡るためフランスを通過する司祭たちの世話を依頼している。教皇が五九五年以降、メロヴィング朝のガリア[10]の君主や司教たちとあれほどつながりを持とうとしたのも、このころアングロ・サクソン人の回心のために送った宣教師たちを温かく迎えてもらいたかったからである。

バルカン地方の教会

西方の総主教の管轄区域は、これまで取り上げて来た地方だけではない。ローマ帝国が東西に分割されて以来、バルカン地方も総主教としてのローマ司教の管轄区内に入っていた。そのためグレゴリウスは、テサロニカ、ニコポリス、ディラキウム、ユスティニアナ・プリマ（スコプリエ）などの管区大司教に多くの書簡を送っている。教皇は、テサロニカとユスティニアナ・プリマの司教を自分の代理として立てていたが、このふたりとの関係は、ビザンティン皇帝が首都に近いこの地方の宗教的要件に介入してくることによって、時として厳しいものであった。

こうした軋轢を物語る事件が、ダルマティア地方の首都サロナで起こった問題である。この都市のナタリス司教は、配下の助祭長を司祭に任命することによってこれを遠ざけようとしたが、助祭長はこの強制的な昇任を拒否し、教皇グレゴリウスに訴えた。教皇は、司教からパリウムを剥奪し破門も辞さないとして翻意をせまったが、宴会好きで有名であったこの司教は、三人の天使を歓待したアブラハムの例を引いて自分の立場を正当化しようとした（「創世記」一八章参照）。これに対しグレゴリウスは、よりましな聖書解釈をするように求めている（書簡Ⅱ・四四参照）。ナタリスが死去したあと、その後継者はローマの同意なしに、しかし皇帝の支持のもとに選出された。グレゴリウスはこれに抗議して、コノスタンティノープル駐在の教皇使節につぎのように書いている。「私は生きている間に至福なる使徒ペトロの教会が軽視されるのを見るよりも、むしろ死ぬ方を選ぶ」（書簡Ⅴ・六）。皇帝は、この新司教をローマに受け入れるよう教皇に求めたが、グレゴリウスは再度それに抗議し、コンスタンチア皇后につぎのように書いている。「もしかれのもとにいる司教たちの問題が宮廷によって解決されるとするならば、この教会において私は何かなすべきことがあるでしょうか。私はなんと不幸なものでしょう」。グレゴリウスは、他の司教たちが自分を無視して世俗の裁判官のもとに走り自分に反対することを恐れながらも、しかしサロナの司教を正規の司教として認めることを拒否し続けている（書簡Ｖ・三九参照）。最終的にこの事件に介入し解決をもたらしたのは、ラヴェンナの管区大司教マリニアヌスであった。

グレゴリウスはビザンティンの首都に八年間滞在していたこともあって、かの地の政治、宗教の世界にはよく通じていた。そこにはかれの友人たちもいた。とくに貴族の女性ルスティキアナに対しグレゴリウスは多くの書簡を書いている。かれは、ビザンティン支配下のイタリアを規制する帝国の制度、法を尊重しながらも、ためらうことなく、皇帝あるいは皇后に断固とした態度を取っている。皇后が、新築された教会のため聖パウロの聖遺物を所望してきたとき、グレゴリウスはそれを送ることを拒否し、長い書簡を書き、ローマの聖遺物は聖人の墓から持ち去ることはできないと説明している（書簡Ｖ・三八参照）。またグレゴリウスは、皇帝が新法をもって軍人、役人であったものの修道院入会を禁じたとき、神の裁きを持ち出して皇帝を諌めている（書簡Ⅲ・六二参照）。かれによると、「この法は神に対する侮辱です。これは、私の上に立つ支配者たちに言っておくべきことですが、支配権は皇帝のものであるとはいえ、それをかれに与えたのは神であり、しかもそれは天の王国のために役立てるために与えられているのです」。ラヴェンナの地方総督がランゴバルド族に対して取った政策に対しても、グレゴリウスは同様に抗議している（後述の「抜粋集」３「皇帝マウリキウスあての書簡」参照）。さいごに、かれは皇帝とコンスタンティノープルの総主教との密着ぶりを知っており、総主教の思い上がった態度をためらうことなく糾弾している。ただ、そのような場合、グレゴリウスは西方の総主教としてよりもカトリック教会の教皇として語っていることに注目すべきである。

第六章　教皇大グレゴリウス[1]

西方の総主教（patriarche）の管轄権は、ゲルマン諸部族の住むスペインから北アフリカを経てイリリクムに至る全地方に及んでいたが、グレゴリウスはこの管区をどのように統治したのか、これまでそれを見てきた。かれは司教代理（アルルの司教代理、またイリリクムはユスティニアナ・プリマの司教代理、さらにシチリアの司教代理）を介して統治した。また（ユスティニアナ・プリマ、サロナ、ラヴェンナ、ミラノ、コリント、ニコポリス、アルル、セビリャの）管区大司教にはパリウムを与え、かれらを介して管理した。さらにグレゴリウスは、最良の代理者であったローマ教会の領地支配人をとおして管理し、かれらと頻繁に書簡を取り交わしている。グレゴリウスは総主教管区の管理にあたって、柔軟な態度を取り、地方の伝統を尊重し、教会のすべての信徒の間に平和と愛が保たれることを念じつつ、その指導にあたっている（書簡V・五九参照）。

グレゴリウスと東方の総主教

グレゴリウスは、コンスタンティノープル、アンティオキア、エルサレム、アレクサンドリアといった他地方の総主教との文通においても、同じような願望を表明している。かれはローマの司教に任命されるとすぐ、慣習に従ってこれらの総主教に「正統信仰宣言書」（lettre synodale）を送り、そのなかで、信仰宣言を行うと同時に、かれがのち『司牧規則』に盛り込む、司教としての任務を素描している（書簡Ⅰ・二四参照）。かれは、控訴という例外的な場合は別として、これらの総主教管区内のことに直接、介入することは拒んでいる。一方、かれはこれらの総主教たちとだけ文通している。エルサレムの総主教には三通、アンティオキアの総主教には八通、アレクサンドリアの総主教には九通の書簡を送っているが、かれらの管轄下にあるものに対しては一通も書いていない。

グレゴリウスは、ローマ、アレクサンドリア、アンティオキア間の繋がりを強調した。（かれによると、アレクサンドリア教会の創設者）聖マルコはペトロの弟子であり、またペトロは最初、アンティオキアの司教であったからである。(2) またグレゴリウスはコンスタンティノープルの総主教とも同じような関係を望み、この総司教が自分の立場を「世界的」（oecuménique）と表現し、五総主教間の団結を乱したとき、この称号に激しく抗議している。「普遍的」（universel）という意味をもつこの称号は、コンスタンティノープルの総主教がかなり早くから用いていたもので、それは自分の管区内の諸教会に対する権威を示すためのものであった。しかしグレゴリウスはそのようには受け取らず、コンスタンティノープルの総主教は、こうした称号を用いることによって自分を同輩の総主教とくにローマの総主教に対する優位性を示そうとしていると考えた。皇帝マウリキウスは、〔コンスタンティノープルの〕総主教「断食者のヨハネス」と友好関係を保つように求めたが、グレゴリウスは、これには信仰の問題がかかっているとしてそれを拒否した。かれは、コンスタンティノープル駐在の教皇使節に書簡を送り、「私は自分の道をまっすぐ進む。この問題において私が恐れるのは神だけである」と述べ、つぎのように付言している。「敵（ランゴバルド族）の剣からまったく守られず、また、帝国を愛するが故に自分の銀、金、領地、衣服を失うことになった今、これらの人々（総主教と皇帝）のせいでさらに信仰を失うことは余りにひどい不名誉なことです。なぜならこの悪辣な語〔普遍的〕を許容することは、本当に信仰を失うことになるからです」（書簡Ⅴ・四五）。そしてグレゴリウスは、皇帝、皇后、総主教あてに書簡を書き、聖ペトロはけっして普遍的使徒と呼ばれなかったことに注目させようとしている。かれは、皇帝マウリキウスあての書簡のなかで（書簡Ｖ・三七参照）、総主教の高慢さを批判している。「ヨーロッパの一部がゲルマンの王たちに服従し、都市は破壊され、城塞は占拠され、地方には人気がなくなり、偶像崇拝がはびこっている今、司教たちは新奇な世俗的名称をもって身を飾ろうとしています」。またこの総主教の高慢さを暴くため、皮肉を込めてつぎのように批難している。「われわれの骨は断食によって痩せ細り、われわれの魂は傲慢に満たされ、われわれの体は安物の衣服をまといながら、心の高慢さをもって真紅の衣（帝位）にまさるものをまとっています。われわれは灰のなかに横たわっていますが、しかし高所に憧れています。謙遜を教えながら傲慢なかしらとなり、小羊の姿をとりながら狼の牙を隠しているのです」。

　グレゴリウスは、この「断食者ヨハネス」の死後その跡を継いだ総主教シリアコスに大いに期待を寄せた。グレゴリウスは、シリアコスが送った「正統信仰宣言書」に感謝し、教会間の和平を維持するため、「尊大な世俗的称号」を放棄するように求めている（書簡Ⅶ・五参照）。グレゴリウスは、この称号にさして問題があるとは思わない皇帝に対し、「それはアンティキリストの先駆者である」と答えている。アンティオキアの総主教アナスタシオス[3]は、この紛争に介入し、グレゴリウスを宥めようとした。これに対しグレゴリウスは、この問題に無関心なものは普遍的教会の信仰を歪めるものであると応じている。アレクサンドリアの総主教エウロギオス(4)はグレゴリウスを喜ばせようとして、かれを「普遍的教皇」(pape universel) と呼んだ。これに対しグレゴリウスは、つぎのように答えている。「私は、この称号は私に対し、また他のだれに対しても用いるべきではないと、あなたに伝えました。ところが、私あてのあなたの書簡の宛名にはこの尊大な称号が用いられ、私は普遍的教皇と呼ばれています……私は、兄弟たちの栄誉を犠牲にして賦与されるような栄誉は望みません。私が望む栄誉は普遍的教会のそれです。私が栄誉とするのは、私の兄弟たちが確固たる権威をもっているということです。栄誉を受けるはずの人がそれを受けるとき、私は栄誉を受けるのです。もしあなたが私を普遍的教皇として取り扱うならば、あなたは私を普遍的なものとして認めることによって、あなたご自身の司教としての資格を拒否していることになります。そうであってはなりません。虚栄をもって人を高慢にし、愛を傷つけるようなことばを私たちは口にしてはなりません」(書簡Ⅷ・二九)。

ローマの首位権

「普遍的」という称号を拒否するグレゴリウスは、教皇としての自分をどのように考えていたのだろうか。かれは西方の総主教であり、キリスト教世界における五総主教のうちのひとりであるが、しかし何よりもまずペトロの後継者である。そして、アンティオキアの総主教管区とアレクサンドリア、ローマのそれとの間の絆を作ったのはペトロである。かれは、七年間アンティオキアに留まり、その弟子マルコをアレクサンドリアに派遣したからである。グレゴリウスは、アレクサンドリアの総主教エウロギオスに宛てた書簡において、つぎのように書いている。「あなたが書簡のなかでペトロの聖座について長々と書いたことを読むのは、私にとってきわめて心和むものでした。後継者の名のもとに、今なおこの聖座にあるのはペトロです……私は、かれについて言われたことをすべて喜んで受け入れます。なぜならペトロの聖座について私に話した人は、ペトロの聖座に座している人だからです……特別の栄誉がまったく私の意に沿わないとはいえ、それでも私は大いに喜んでいます。なぜならあなたが私に与えたものをあなたもあなた自身に与えているからです。教会は、「堅固さ」という名前の使徒たちのかしらと団結し、かれを土台として建てられていることを知らないものがだれかいるでしょうか。実際、このかしらの名前ペトロ（Petrus）は、「堅固さ」を示す岩（petra）という名詞からとられています。そして「真理のことば」〔キリスト〕はかれに向かってつぎのように言っています。『私はあなたに天の国の鍵を与えよう』（「マタイによる福音書」一六・一九）と。また、『あなたは立ち直ったら兄弟たちを力づけよ』（「ルカによる福音書」二二・三二）、『ヨハネの子シモン、この人たち以上に私を愛しているか、私の子羊を飼いなさい』（「ヨハネによる福音書」二一・一五）とも言ったのです。従って、使徒たちの数は多くとも、使徒のかしらだけが第一位におかれたということから見て、かれの聖座だけが最高の権威をもっているのです。そしてこの聖座はただひとりのものではありますが、三か所にあります。この聖座〔ローマ〕を設けたのはペトロであり、そこでかれは現世の生命を終え、安息に入られました。この聖座〔アレクサンドリア〕にその弟子であった福音書記者〔マルコ〕を派遣し、整えられたのはペトロであり、またこの聖座〔アンティオキア〕を揺るぎないものにしたのはペトロであり、立ち去らねばならなかったとはいえ、七年間そこに留まったのです。その聖座は唯一であり、ただひとりのものであり、現在この聖座は神の権威をもって三人の司教が占めていますが、私はあなたについて言われる良いことはすべて自分について言われたことと考え、もし私において何か良いものがあると思うならば、あなたはそれを自分の功績にしてください。私たちは、つぎのように言われたお方において一つであるからです。『父よ、私があなたの内にあり、あなたが私の内にあるように』（「ヨハネによる福音書」一四・二〇）、『かれらが私たちにおいて一つになりますように』（「同書」一七・一一）と言われています（書簡Ⅵ・三七）。

ローマ、アレクサンドリア、アンティオキアの三人の総主教がペトロの聖座に座していると主張したのはグレゴリウスがはじめてではない。コンスタンティノープルの総主教の野心に反対するためであったとはいえ、他にもこうした主張をしたものがいた。しかしペトロの墓はローマにあり、教皇は使徒たちのかしらの後継者である。グレゴリウスは、幾度となく自分の首位性を主張している。かれは、「コンスタンティノープルの教会について言われたことはこの教会と使徒座との依存関係のなかで言われていることを、だれが疑っているように見えるでしょうか。これが、この都市のきわめて敬虔な主君にしてわれわれの兄弟司教があらゆる機会において宣言していることです」（書簡Ⅸ・二六）。

ペトロの後継者として天の国の鍵つまり解き繋ぐ権能を受けたグレゴリウスは（書簡Ⅴ・三七参照）、東方の同輩総主教たちのことに介入し、またかれらを批判することができる。たとえば、グレゴリウスはアレクサンドリアの学生が一夜にして助祭にされたことを知ると、友人の総主教エウロギオスに対し、そこには聖職売買の懸念があることを伝えている（書簡XIII・四二参照）。グレゴリウスはまた、エルサレムの総主教に対し、日常的に行われている聖職売買の慣習を排除させ、またユスティニアヌス帝によって創設された「新しい教会」と呼ばれるものをめぐり修道者たちと対立することを止めるように迫っている（書簡XI・二八参照）。グレゴリウスはまた、聖地に向かう巡礼者たちのための宿泊所をエルサレムに建設するよう修道院長プロブスに求めている。またシナイ山の聖カタリナ修道院の院長ヨハネスに対しては、かれが生命の危険から脱出し知恵の避難所に辿りついたことを喜び、一五床分の毛布と三〇着のマントを送っている（書簡XI・二参照）。さらに、小アジアの南部に位置するイサウリア地方の修道者たちには金銭を送っている（書簡V・三五）。グレゴリウスはまた、グルジア地方の司教たちに長い書簡を書き、ネストリオス派からカトリック教会に戻った人々に再洗を施すべきか否かを尋ねるかれらに対し、信仰宣言をさせるだけで十分であると答えている（書簡XI・五二参照）。また、グレゴリウスはペルシア地方に対しても関心をもち、それはかれがコンスタンティノープルで知り合ったアルメニア地方のメリテナの司教ドミティアヌスあての書簡に示されている。そこでグレゴリウスはかれをつぎのように慰めている。この友人はホスローニ世王（在位五九〇―六二八）の回心に成功しなかったようであるが、しかしかれはそのことにそれほど落胆する必要はなく、むしろ人々はその努力を多とすべきである。なぜならグレゴリウス自身がユーモアを交えて言っているように、「浅黒い肌をしたエチオピア人が浴槽に入り浅黒いまま出て来たとしても、浴場で働く人はその報酬を受けるからである」（書簡Ⅲ・六二）。

ペトロの後継者であるグレゴリウスは、信仰が危機に瀕するときそれを擁護しなければならない。かれはテサロニケの司教エウセビオスに対し、ネストリオス主義を疑われる司祭ルカから遠ざかるように勧めている（書簡Ⅸ・五五参照）。かれが言うには、「健康な羊がひぜんにかかった羊にふれて失われるよりも、病にかかった羊をすておいた方がよい」。イサウリアの修道院の一司祭は、マニ教の写本を所持しているとして訴えられた。これを聞いたグレゴリウスは激怒したが、しかしこの訴えが事実に反することが分かったとき、この司祭の原状復帰を求めている（書簡Ⅵ・六五参照）。マルキオン派(5)として訴えられたある司祭はローマに援けを求め、そこでかれは正統信仰の保持者であることが認められ、コンスタンティノープルの総主教もこの決定に従わざるをえなかった（書簡Ⅵ・一四、Ⅶ・四参照）。すべての司教と一致を保つペトロの後継者は、信仰に関する裁判官である。かれは、信徒のうちだれもローマとの一致、教会との一体性から離反することのないよう配慮する義務がある。

グレゴリウスは、教会は救いの箱舟であると考えている。箱舟の外にいたものが大洪水に呑まれ溺死したように、教会外にいる不信仰者は滅びる。信仰者は山つまり世俗から切り出された木の幹であり、それを板にし、組み立てたものが箱舟である（書簡XI・二八参照）。箱舟は愛徳というピッチ（アスファルト）で塗装され、いかなる嵐、逆風もこれを破壊することはできない。

教会における多様性

グレゴリウスは、諸教会間の信仰の一致を確保したあと、諸教会の慣習におけるある程度の多様性を認めている。かれの行動には、法をたてにとった中央集権的な態度はまったく見られない。かれは、大司教、総主教がそれぞれの教会を自由に指導することを認め、同様に、それぞれの教会が古くからの伝統を維持していくことを受け入れている。かれは、つぎのように書いている。「教会は、果皮のなかにいろいろな種を包み込んでいるざくろのようなものである。これと同じく、信仰の一致といってもそこには聖なる教会の無数の民が含まれ、それぞれの天性からくる内的多様性がともに保たれている」。先述したように、カルタゴの管区大司教との文通においてグレゴリウスは、アフリカの教会に伝わる古来の慣習を受け入れている。かれはセビリャのレアンデルあての書簡のなかで、洗礼における三度の浸水について、つぎのように述べている。「あなたご自身が考えておられる以上の正しい答えはありえません。同じひとつの信仰に多様な慣習があったとしても、聖なる教えを損なうことにはならないということです」（書簡Ｉ・四一）。サルデーニャ地方では司祭は洗礼のあと聖油を胸ではなく額に塗っていたが、グレゴリウスは、塗油のため十分な数の司教がいない場合に限って、それを認めている（書簡Ⅳ・二五参照）。グレゴリウスはまた、他の教会における典礼慣習を迷うことなく取り入れ、このことについて、シラクサの司教ヨハネに対しつぎのように書いている。「もし（コンスタンティノープル）あるいはその他の教会が何か良いものを保持しているならば、その良いものについては、たとえそれが、禁じられていることを許されないごく若い者たちの態度であっても、私は喜んでそれを模倣することでしょう。自分が良いと思うことを学ぶことなく斥け、それによって首位権を保っていると思う人は愚か者です」（書簡Ⅸ・二六）。

典礼について述べるついでに、イギリスがキリスト教を受け入れた後[6]――これについては後述する――グレゴリウスがカンタベリのアウグスティヌス司教に書いた第二の書簡を取り上げるべきであろう。アウグスティヌスはグレゴリウスに対し、つぎのように書き送った。「たとえ信仰は一つであっても、諸教会における慣習は多様です。聖なるローマ教会にはミサの一つの挙式方法があり、ガリアの諸教会には他の方法があります」。それに対してグレゴリウスは、もっとも適当と思われるものをあちこちから取り入れるように勧めている。そのためには、他の諸教会から集め得たものを注意深く選別し、つい最近、信仰に入ったばかりのアングル人教会に独特の性向に応えるようにして欲しい、と述べている。なぜなら、「場所が好きだからそこにある事物を愛するのではなく、そこにあるものが良いからこそ、その場所を愛すべきだからです。したがって、個々の教会において敬虔なもの、宗教的なもの、正当なものはすべて、それらすべてを一つにまとめて、アングル人がそれに馴染むよう、かれらの魂に教え込むようにするべきです」。こうした教皇の寛容な見解は、後述するメッリトゥス[7]あての他の書簡にもう一つの例を見ることができる。アウグスティヌスにあてた他の書簡において、グレゴリウスは旧約聖書の法規偏重からは程遠い、包容力のある寛大な態度を見せている。もしある人が、困窮のすえ教会から何かを盗んだとしても、この盗人は許されるべきである。子どもを産んだばかりの女性は、旧約聖書の規定（「レビ記」一二・四―五参照）にこだわることなく、直ちに教会に出入りできる。またグレゴリウスは、第五の返答においてアングル人のもとにおける近親者間の結婚について述べているが、それによると、かれらを断罪してはならない、かれらは無知によってこうした罪を犯しているからである。そしてひとつの文章を付記しているが、こそれは、かれに続く多くの後継者が熟考すべきことばである。「今日、聖なる教会は、その熱心さからある過失を改めさせ、また寛容さをもって他の過失を許容し、知恵をもってある過失に目をつぶって耐え忍び、覆い隠しています。教会はそれらの過失を耐え忍び隠すことによって、しばしば自分が批難している悪を処罰しているのです」。

第七章　預言者グレゴリウス

五九三年、ランゴバルド族がローマに向かっていたその時、グレゴリウスは『エゼキエル書講話』に着手していた。かれはそこでまず、預言の定義から始める。預言は、未来のことだけでなく過去と現在のことを解明し、隠されていることを明らかにする。預言は、人間ではなく「霊」（Esprit）によるものであり、「霊」はごく小さい者の舌を雄弁にする。「『主の霊』は全世界を満たし、すべてのものをともに保つお方はことばの知識をもっている……かれについて語ろうと憧れるわれわれは、かれとともにあるのであり、無言であってはならない。かれはわれわれに有用なことばを与え、われわれのために肉となられた全能の『みことば』（Verbe）〔聖子〕は、『聖霊』との一致によって『聖父』とともに生き、治めておられる」。第一の講話はこのように終わっている。第十一講話は、イスラエルの民がバビロンに抑留されていたとき[1]、エゼキエルがどのような状況において主の幻視を受けたかについて述べる。そしてグレゴリウスは、ローマが攻囲されようとしているとき、この書を書いているのである。エゼキエルは天上のことに気を配る見張り番であり、説教者はすべて同じでなければならない。「説教の役務に就くものは、善業をもって自らを高め、つねに天上の最高の価値あるものに向かい、その行いは自分に託された人々のそれに優るものでなければならない。説教者は、地上の善をかれら以上に軽んじ、そこに自分の心を留めることが少なければ少ないほど、鋭い眼差しをかれらの生活に注ぐことができる」。そしてグレゴリウスは、つぎのように書き加えている。「私がここで述べていることは、私にとってどれほど恐ろしいことか。このように語ることは、力の限り、また自分の生命を賭して、この説教を適切なものになしえない私を鞭打つことである。私はしばしば饒舌に流れ、励まし教えるべきときに無気力になり、怠けがちになる。私をご覧になる神のみまえにおいて、私は饒舌でありながら言うべきことを言わない。私は話すべきときに話さず、くだらないことについては冗漫になる。ところで神のことばは、見張り番の生活について語るように私に求めている。黙することは、私にはできない。しかし話すことによって自分を鞭打つことになるのではないかと、恐れている。話そう、そうだ、話そう。神の『みことば』の剣は、私を突き抜けて隣人の心を刺し貫く。私は話そう。そうだ、私は話そう。人々が、私をとおして神のことばを聞くようになるために。たとえそれが私にとって不利になるとしても。私は責められることをいとわない、私の無気力、怠慢は余りにも明らかである。私は自分

助祭ペトロは，尖筆をもってカーテンに穴を開け，
脱魂状態の聖グレゴリウスを見ている。

（12世紀の写本画。〔ms 9916-17, fol., 2 v°.〕ベルギー，
ブリュッセルの王立図書館蔵。Giraudin による写真）

の不手際を認めることによって、おそらく善良なる裁き手から赦しを得ることができるであろう」(『エゼキエル書講話』I・一一・四、五)。

切迫する世界の終末

とはいえ、説教者はその熱意を倍加しなければならない。殉教者の時代は過ぎ去り、博士、説教者の時代が到来している。なぜならグレゴリウスが言うには、「世界の終末は近づき、天上のことに関する知識は進歩し、時を経るにつれていっそう増大している」(『ヨブ記倫理的解釈』IX・一二)からである。

実際、あらゆることが世界の終末が近いことを示している。グレゴリウスは、時のしるしについて、つぎのように考えている。「私は、これらすべてのしるしのうちあるものはすでに実現され、あるものは近いうちに実現されるのではないかと危惧している。なぜなら今、諸民族は互いに立ち上がって対立し、かれらの不安は、われわれが書籍を読んで知っている以上に、地上を覆っている……伝染病は息つく間もなくわれわれを襲っている。太陽、月、星に現れるしるしは、まだごくわずかしかはっきりとは見えないが、しかし大気における変化そのものが、こうしたしるしの出現が遠くないことを思わせる……日ごとに新たな悪が増えつつあり、世界を苦しめ、いまここに大勢いるあなた方のうちどれほどの人が生き残るだろうか、しかしまだ日々、災害がわれわれを苦しめている。突然の天変地異がわれわれに襲いかかり、予測しなかった新たな災難がわれわれを苦しめている」（『福音書講話』Ｉ・一・五）。

人々が終末の前兆となるこれらのしるしをはっきりと目にしたのは、まさにローマにおいてであった。ローマについては先述したが、グレゴリウスは、この不幸なローマを描いて見せ、それをナホム[2]時代のニネヴェ[3]やミカ[4]時代のユダ王国の禿げ鷹にたとえている。グレゴリウスが『対話』において言うところによると、すでに聖ベネディクトはローマの崩壊を予見していた。「この預言の神秘は、今のわれわれにとっては日を見るよりも明らかである。この都市を取り巻く城壁にはひび割ればかりが目立ち、家屋は倒壊し、教会は竜巻によって破壊され、朽ち果てた建物は崩壊して地面を覆い、ますます朽ちていく」（『対話』Ⅱ・一五）。しかしわれわれは、こうした廃墟のなかにありながら、なお、先祖の傲慢さを捨てきれないでいる。「少なくともかれらは喜びのうちに罪を犯したが、より深刻なことに、われわれは試練の中にあって罪を犯している。しかし全能の神はわれわれの不義を裁くために来られ、すでにわれわれの先祖を亡き者とされ、われわれを裁きの庭に呼び出している。以後、神はわれわれの悔悛を期待し、われわれがかれに戻るように仕向けてくれている」（『エゼキエル講話』Ｉ・九・九）。グレゴリウスは悔悛を呼びかけ、ミラノの聖職者たちにはつぎのように述べている。「都市は壊滅し、要塞は破壊され、教会は打ち壊された……不安のうちにも、永遠の裁き手が来られる日のことを思い、悔悛しつつ、この恐るべき裁き手を迎える準備をするべきです」（書簡Ⅲ・二九）。皇帝マウリキウスが帝国の役人に修道生活への入会を禁じる法令を発布したとき、グレゴリウスはかれにあててつぎのように書いている。「陛下は、この世界の終末そのものが近づいているその時、この世俗を捨てることをこれらの人々に禁じていることにはっきりと気付くべきです。実際……恐るべき裁き手が今現れようとしています。もし神が陛下のすべての罪を赦し、しかし陛下が発するこの禁令だけはかれの意に背くものであると言うならば、お願いです、陛下はどのような申し開きをするおつもりですか」（書簡Ⅲ・六一）。

グレゴリウスはまた、最近回心したばかりのアングル人の王エセルバート(5)――かれについては後述する――に対し、つぎのように書いている。「世界の終末はそう遠くはありません。聖人たちの王国が来るでしょうし、それにはけっして終りはありません」。しかしかれは書簡の末尾において、つぎのことに注目させている。「これらの出来事はすべてわれわれの時代に起こらないでしょうが、しかしそのあと、すべて続いて起こるでしょう」（書簡Ⅸ・三七）。グレゴリウスから見ると、世界の終末は近づいている。それはたしかである。それが直ちに起こらないとしても、あとわずかで起こるであろう。要は、それを嘆いたり不満をもったりするのではなく、準備しておくことである。なぜなら「世界の破壊を嘆くことは、その心をこの世に根付かせている人々のすることである。かれらは、これに続く生命を追求しようとはせず、その存在さえ予想していない。しかし天上の祖国への永遠の道がどのようなものであるかを学んだわれわれは、できるだけ早くそこに急がなければならない。歩みをいっそう早め、もっとも近い道を経てそこに到達するようにしなければならない。この滅ぶはずの生活は旅でなくて何であろうか。兄弟たちよ、この旅路に疲れ果てながら、なおそれが終わることを欲しないという、つじつまの合わない行動をとらないように注意すべきである」（『福音書講話』Ｉ・三）。

では、この旅がどのように終わるのか、人類の歴史はいつ終わるのか、知ることができるであろうか。これに関係すると思われる聖書の文言を自分なりに解釈し、世界の終末の明確な日付を告げようとするものもいるが、グレゴリウスはかれらに反対し、「使徒言行録」を引用しながらつぎのように書いている。「父がご自分の権威をもってお定めになった時や時期は、あなたがたの知るところではない」（「使徒言行録」一・七）。ヨブは苦しむが、かれが苦悩に耐えつつ守る沈黙は、われわれが見逃してはならないものを教えている。それが今起こるとか、あるいはやがて起こるとか、われわれはそれを知る必要はない。聖ヨハネは、神はサタン(6)を深淵に繋ぎとめ、ちょうど千年後にそれを釈放すると述べている。「千という数はその完結さからして、聖なる教会が、どのような形にせよ、存続する期間全体を示している。この持続期間が終了するとき、もとの敵はその力を回復し、わずかの間ではあるが釈放され、われわれに向かって強大な力を揮う」(『ヨブ記倫理的解釈』XXII・一五―二二)。

そのとき、キリストとアンティキリスト(7)との間に戦いが起こる。このアンティキリストにはすでにその先駆者がいる。それは、「普遍的」という称号を用い、すべての司教の上に自分を位置づけたときのコンスタンティノープルの総主教であり、すべての人の上に立とうとしたあの堕落した天使である。

復活

グレゴリウスは、到来の日時を明確にしえない世界の終末を待つとともに、来世における魂の状態と体の復活に関心を寄せている。

『対話』の第四巻は、死と来世の説明にあてられている。グレゴリウスは、すでに『ヨブ記倫理的解釈』においてつぎのように述べている。「魂は、力強い飛躍をもって神に向かうとき、自分の生涯において与えられたすべての苦悩に甘美さを見いだし、自分を苦しめるすべてのことを休息と見なすようになる。魂は、より豊かな生命を得るため死を体験することを憧れ、またより確実に天の高みに上るため底辺において完全に消滅することを望む」。しかし皆が天の高みに辿りつくわけではない。グレゴリウスは、地獄、天国、煉獄を順に取り上げる。第三七章において、かれは、悪臭を放つ真っ暗な川に架けられた橋について語っている。罪を犯した人々は下に引き下ろされ、悪臭の立ち込めるこの場所に突き落とされる。これに対して、義人は何事もなくこの橋を渡り、「魅力に溢れ、どこまでも青々とした、香り高い花の咲き誇る牧場に入る。そこには白衣をまとった人々が集まっている」。助祭ペトロは、死者の魂を清める火があるかと尋ね、グレゴリウスはそれを肯定している。かれは、教会において煉獄について語る先駆者のひとりであり、それ以来、煉獄はキリスト教徒の信仰において重要な場を占めることになる。他方グレゴリウスは、生存者が捧げさせる三〇回のミサによって煉獄にいる魂は煉獄の火から救われうると述べて、ペトロを安心させる。連続して三〇日間ミサを捧げるいわゆる「グレゴリオ・ミサ」の起源はここにある(8)。

審判は、死後すぐに行われるわけではない。それは、魂がそれぞれの体に戻るときに行われる。体の復活は、キリスト教徒の間に分裂をもたらした重要な主題のひとつで、あるものはそれを否定し、グレゴリウスはかつて自分もそのひとりであったと認めている。「実際、多くの人は、私自身しばらくそうであったように、復活を疑問視している。かれらは、墓のなかで肉が腐敗し骨がばらばらになっているのを見て、肉と骨が塵から再製されることを認めることができず、いつ、人間は塵から再構成されるのか、従っていつ灰から生命が再び生まれるのか」(『福音書講話』XXVI・一二)と尋ねる。他方ある人々は、復活した体はいかなる質料も持たないと考えている。五八〇年頃、総主教エウテュキオス(9)が唱えたのが、これである。その時、コンスタンティノープル駐在の教皇使節であったグレゴリウスは、『ヨブ記倫理的解釈』(XIV・七二)が伝えているように、エウテュキオスの考え方に反対した。グレゴリウスの考えはこうである。「われわれの肉体は、同じものであると同時に異なっている。その本質においては同じであるが、その栄光においては異なっている。その本性においては同じであるが、その能力においては異なっている。復活した肉体は不滅のものであり、そのため捉え難いものであるとはいえ、しかしその真の本性の特質を失ったわけではなく、したがって触れることができる」。

世界の終末の切望

いつこの世は終わるのか、われわれは、その日時を知る必要はないとしても、少なくとも「良い知らせ」を告げることによってその到来を早めるのに貢献できる。主は、福音がすべての国、民族に宣言されるとき再び来られる。キリストはそのように言明し、使徒たちはそれを繰り返し述べ、かつ伝えるために、全世界に出かけた。宣教は、語のもっとも広い意味において、パルジア(10)（Parousie）に不可欠な条件である。

たしかに、グレゴリウスもそのように理解していた。「世界の終末は差し迫っており、主は、教会に集まる魂の数を増やしつつ、聖なる教会の苦痛を和らげてくださる」（『ヨブ記倫理的解釈』XXXV・一五・三五）。また、「聖なる教会の民は、天の穀物庫を満たすために霊的収穫を増やさなければならない」。

異端者とユダヤ人

大グレゴリウスは、異端者が教会の権威を認めて「語ることを止め、いわば指を唇にあてつまり自分たちの誤った論争がことばによる説得ではなく徳の行いによって鎮圧されたことを言おうとしている」として、喜びをもって語っている（『ヨブ記倫理的解釈』XIX・一八・二七）。実際、レカレード王はアレイオス主義からカトリックに改宗し、王妃テオドリンデはランゴバルド王の後継者をカトリックの典礼儀式で受洗させることに成功した。ランゴバルド族全部が改宗したわけではなかったが、グレゴリウスは王の模範をまねるものが出てくることを期待した。道筋は付けられたのである。

これに対し、パルジアの実現に不可欠なユダヤ人の改宗は、まだまだであった。先述したように、グレゴリウスは、当時の人々の間にあってはユダヤ人に対し最大の愛情を傾けた人であった。キリストの死に責任を負うべきものはユダヤ人だけではなく、すべての人である。キリスト教徒はユダヤ人を許容すべきであり、かれらを強制的に改宗させるべきではない。グレゴリウスは旧約聖書に精通しており、ユダヤ教が天上のエルサレムを建設するための隅の親石(11)

であることを知っていた。

異邦人

異邦人は、まずメロヴィング家をはじめとして一世紀前からカトリックに改宗しつつあった。五五九年、グレゴリウスは、シルデベルト王に対しつぎのような書簡を書いている。「王であることは、素晴らしいことではありません。他にもそうしたものがいます。しかしカトリックであることは、それにふさわしくないものもあり、これこそ最高のものです。夜の深い闇を明るく照らす大きな灯のように、あなたの信仰の輝きは信仰をもたない他の民族の闇を照らし、光り輝いています」（書簡 Ⅵ・六）。グレゴリウスは、五九五年に準備中であった大事業を支えてもらうため、このカトリック王を必要としていたのである。かれがメロヴィングの王たちと接触をもったのはこれが最初であり、二人の交流は、かれが教皇職にある間ずっと続いた。こうしたガリアの司教、王たちの援助によってはじめて、遠方に住む異邦人たちがキリスト教化されていくのである。

第八章　アングロ・サクソン人の改宗

アングル人の改宗は、グレゴリウスの活動において特筆すべき重要な出来事のひとつである。アングル人、ジュート人、サクソン人は、五世紀に〔当時〕ローマの領地であったブリタニアに侵攻し、ケルト族をあるいは奴隷にしあるいは西方の他の地方に追い払った。これらの異邦人は異教徒で、ヴォダン、テュノール（Wodan, Thunor）といったゲルマンの神々を崇拝し、また身の安全を図るため、魔法のことばや呪文をもって悪霊の力に頼っていた。一方キリスト教を信奉していたケルト族は、これら異邦人の改宗を拒んでいた。なぜなら尊者ベダ(1)によると、「かれらは、これらの異邦人と天国で顔を合わせたくなかった」からである。ここにはすでに、ケルト対アングロ・サクソンの対立の一例を見ることができる。

アングル人との出会い

グレゴリウスは、西方とくに地中海沿岸の港で奴隷として売買されていたアングル人のことを耳にした。こうした儲けの多い商売は、とくにマルセーユにおいて行われていた。ところで、ガリアで鋳造された貨幣がローマでは使用できないことを知っていたグレゴリウスは、プロヴァンス地方の教皇領の管理者カンディドゥスに書簡を書き、一七歳から一八歳のアングル人を買い取って修道院に送り、神への奉仕に向けて教育するように求めている。「かれらと一緒にひとりの司祭を付けて送ってください。向こうの人々は異教徒であり、もしそのうちのだれかが途中で病気になったならば、死ぬまえにこの司祭から洗礼を受けさせるためです」（書簡Ｖ・一〇）。

尊者ベダが伝えイギリスの子どもならだれでも知っている有名な伝説の起源は、おそらくこの書簡にあるようである。それによると、ローマの市場を散歩していたグレゴリウスは、皮膚は白く、ブロンドの髪をもった美貌の若者たちを見た。グレゴリウスがかれらの宗教、祖国を尋ねると、かれらは異教徒でブリタニアから連行されたものであると言うのが、奴隷商人の答えであったという。これに対してグレゴリウスは、「なんと不幸なことか。これほどの美貌になお信仰が欠けているとは」と叫んだと言われる。商人は、かれらはアングル人（Angles）であると答えたが、グレゴリウスはangli（アングル人）とangeli（天使）とのことば遊びをもって、かれらは天使のような表情をもっていると言ったという。「かれらの出身地はどこか」と尋ね、Deira（デイラ。ノーサンブリア地方）です」という答えを聞いたグレゴリウスは、かれらが「神の怒りから」（de ira）逃れることができるように、と応じたと言われる。「そしてかれらの王の名」を尋ね、「アエリ（Aelli）」であると商人たちが答えると、グレゴリウスは、「アレルヤ（Alleluia）、これらの地方において創造主の賛美が歌われるのはよいことである」と喜びの声を挙げたという(2)。

イギリス宣教の諸段階

逸話や伝説はこれ位にして、イギリス宣教の諸段階を追うことにしよう。五九五年九月の日付のあるカンディドゥスあての書簡から数か月後に、グレゴリウスはフランク族のティエリ王とテオデベルト王(3)に書簡を送り、イギリスに送る宣教団の保護を依頼している。かれは王たちに対し、アングル人はキリスト教への改宗を希望しているが、かれらの願望を満たそうとしない周辺の司教たちに代わって、自分はイギリス宣教の使命をアウグスティヌスに託すことにしたと説明している（書簡Ⅵ・五一）。このアウグスティヌスは、チェリオの丘の聖アンドレア修道院の院長であった。かれは五九六年春、約四〇名の修道者を伴って出発し、プロヴァンス地方に入った。しかしレランスに着いたかれらは、そこで気力を失った。アウグスティヌスはローマに戻り、つぎのような文面の書簡をグレゴリウスからもらって引き返して来た。「たとえ思案を重ねた上でのこととはいえ、一旦、始めた事業から手を引くならば、始めなかったほうがましです。したがって、愛する子らよ、あなたたちは神のお助けのもとに始めた仕事を首尾よく為し遂げるようにしなければなりません。旅の困難さや人々の中傷にひるんではなりません。根気強く、熱意をもって、神のご命令のもとに取り組んだことをやり遂げるようにしてください。またあなたがたの大いなる苦労は、栄光という永遠の報いにつながることを知るべきです。あなたがたの長であり、私があなたがたの修道院長として任命したアウグスティヌスは、あなたがたのもとに戻って行きますが、すべてにおいて謙遜にかれに従いなさい。かれの命令のもとにあなたがたが実行することはすべて、あなたがたの魂に益すると弁えなさい。全能の神がその恩恵をもってあなたがたを守り、またあなたがたの労苦の成果を永遠の祖国において私に見せてくださいますように。私はあなたがたと苦労をともにすることはできませんが、しかし苦労しようと望んでいるのですから、少なくとも、その報いの喜びをともにすることができるでしょう。愛する子らよ、神があなたがたを安全に、健やかにお守り下さるように」(4)。バティッフォルはこの書簡を引用しつつ、つぎのように書いている。「ここには、グレゴリウスの人柄全体が示されている。そこには、かれの良識、信仰、謙遜、人を動かさずにおかない真摯さがあり、いささかの誇張も見られない。またこの書簡は、まったく簡潔ではあるが、しかし一種の叙事詩の序文とも言えるものである」(5)。

グレゴリウスは、マルセーユ、アルル、ヴィエンヌ、オータンのフランク族の司教たちのほか、ティエリ王、テオデベルト王と王妃ブルネハウトにあてた推薦状をアウグスティヌスに持参させている。この時から、グレゴリウスとメロヴィングの王たちとの文通が始まっていることに注目してもらいたい。ある歴史学者たちによると、ここにはグレゴリウスの政策転換が見られる。東ローマ皇帝とコンスタンティノープル総主教の非協調的な態度に失望したグレゴリウスは、西方に目を向けたと言うのである。こうした解釈は、おそらくやや型にはまりすぎている。とはいえ、たしかにグレゴリウスは異邦人の改宗に関心を持っていたのであり、それはかれの政策の一部を成している。かれは、世界の終末が来るまえにすべての異教徒がキリスト教に改宗するよう切望していたのである。

宣教活動の成功

グレゴリウスがアウグスティヌスをケント王国に送ったのは、その地のエセルバート王は、カトリックであったメロヴィングの王女ベルタと結婚していたからである。かの女は、宮廷付司祭とともにイギリスに渡って来たのであった。宣教団の一行は、タネット島に上陸し、修道者たちは、十字架を先頭に押し立て、救い主の画像を掲げ、「ローマ式歌唱法」をもって連祷と交唱を歌いながら、行列を組んで進み、見る人々に大きな感動を与えた。その後、王は修道者たちをカンタベリにあるサン・マルタン教会に住まわせた。王は、五九七年六月一日、聖霊降臨祭の前日に洗礼を授けられた。それから、かれはアウグスティヌスを宮廷に住まわせ、古い教会を修復させて「救い主」に奉献し、それは司教座聖堂となった。しかしアウグスティヌスはまだ司教ではなかったので、アルルの司教ヴィルギリウスのもとに行き司教として聖別されたのであった。

アングル人改宗の知らせを受けたグレゴリウスは、その喜びをかみしめながら、アレクサンドリアの総主教にあてつぎのように書いている。「地の果てに暮らしていたアングルの民は、今まで石や木片を誤って拝んでいました。私はあなたの祈りに援けられ、神の霊感に押されて、かれらに宣教するため私の修道院からひとりの修道者を送ることは自分の義務であると考えました……そして、私はすでに、かれらがこの民の救霊のために捧げる努力について報告する書簡をかれから受け取りました……主のご誕生の大祝日に、一万人以上のアングル人が私の同輩司教から受洗したという知らせを受けました。私がこう語るのは、あなたがたみなが、揃って、この地の果てに住む人々のために祈って欲しいからです」（書簡Ⅷ・二九、五九八年七月）。

グレゴリウスは、『ヨブ記倫理的解釈』においても一時、筆を止め、同じ喜びを表明している。そしてつぎのように書いている。「全能の主は……宣教者による奇跡の輝きをもって世界の果ての人々をも信仰に導かれた。実際、神はほとんどすべての民族の心のなかに入られたのである。かれは、東西の辺境を同じひとつの信仰をもって結び合わせ、野蛮なことを口ごもることしかできなかったブリタニア人の舌は、以後、神の賛美を取り入れ、ヘブライ語のアレルヤを歌い始めている。また、かつて波浪の高かった大洋はおとなしく聖人たちに従い、地上の君主が武器をもって宥めることのできなかった蛮族の怒りは、司祭たちの簡潔なことばによって神への畏怖に置き換えられている」（XXVII・一一・二一）。

グレゴリウス教皇は、エセルバート王をたたえてかれを新たなコンスタンティヌス帝[6]と呼び（書簡Ⅺ・三七）、また皇后ベルタをコンスタンティヌス帝の母君ヘレナ女帝[7]に譬えている。グレゴリウスは、かの女に対し、夫君のキリスト教的教育を完成するように求めている。「そのため、絶えざる助言をもってあなたの栄えある夫君のキリスト教信仰をますます堅固にしていきなさい。あなたの配慮によって、かれの魂のなかに神の愛がいやまし、燃えさかり、その結果、全国民が改宗することになるでしょう。こうしてあなたは、熱意と信心とをもって優れたいけにえを神に捧げ、あなたの名声はますます広まり、また人々があなたについて言うことは、まったくそのとおりであることを証することになりましょう」（書簡Ⅺ・三五）。

第二次宣教団の派遣

グレゴリウスは、その後、改宗したばかりの若い教会を強化するため、修道院長メッリトゥス[8]を団長とする第二次宣教団を送った。教皇は、アルル、ヴィエンヌ、リヨン、シャロン・シュール・ソーヌ、メッス、パリ、ルーアンの司教たちに、この宣教団への配慮を依頼してつぎのように書き送っている。「キリスト教信仰の恩恵に改宗するアングル人の数は夥しく、われわれの尊敬すべき共通の兄弟アウグスティヌスによると、その仲間たちはこの仕事に十分、対応できないでいます」。ベダによると、今回の宣教団は、典礼用の器、祭服、聖遺物、また、おそらく今日ケンブリッジに保存されている挿絵入りの「典礼用福音集」を含む写本を持参していた。グレゴリウスは、アウグスティヌスのために新たな教会組織案を作成した。それは、かつてローマの州都であったロンドンとヨークに管区大司教座を設置し、それぞれに一二名の司教を配置するものであった。他方、アウグスティヌスはケルト人司教たちの責任者として任命された（書簡 XI・三九）。この壮大な計画はすぐには実施されず、ヨークでは六二五年になってはじめてひとりの司教が着座したが、カンタベリは、アウグスティヌスの死後も管区大司教座の地位を保持していた。

またグレゴリウスは、別便で、メッリトゥスに司牧上の指示を与えている。それによると、かれは熟慮を重ねたあと、異教徒の神殿は破壊せず、そこにある偶像の代わりに聖遺物を祭壇のなかに納めるように勧めている。こうすることによって、民衆は、偽りの神々を拝みに来ていた同じ場所に真の神を崇拝するためにやって来る。またかれらは、殉教者の記念日には宗教的宴会を催すこともできる。グレゴリウスが言うには、「これほど粗野な人々に一度にすべてを禁じることは不可能だからです。人は山に登るとき、一足飛びに駆け上がるのではなく、階段を踏んで小股で登って行きます」（書簡XI・五六）。頻繁に引用されるこの書簡は『グラティアヌス法典』に収録されていて、大グレゴリウスの伝記だけでなく福音宣教の歴史にとっても重要な資料である[9]。ここでグレゴリウス教皇は、四世紀以降、異教的祭儀のキリスト教祝祭への転換を推進したいくつかのローマの伝統を取り上げている。たとえば、「豊作祈願祭」（ambarvalia）を「祈願祭」（Rogations）に、一月朔日をキリストの割礼の祝日に転換したことなどがそうである。アングロ・サクソンの異教的祭儀の名残は、今日でもイギリスの教会では復活祭はEasterと呼ばれ、降誕祭は長いことYuleと呼ばれていたことに示されている。大グレゴリウスのこの書簡は、その後、スカンディナヴィア地方における宣教師たち、また中国におけるリッチ神父、インドにおいて活躍したノビリ神父のような有名なイエズス会士たちに影響を与えている。不幸にして、かれらの態度はローマ教会によってのち否認されたが[10]。

一方グレゴリウスは、アウグスティヌスがかれに問い掛けてくる種々の問題について、その解決を提示している。こうした質問のひとつがイギリスにおける典礼の適応の問題で、これについては先述したばかりである。その他、親族間の結婚やアウグスティヌスとガリアの司教たち――ある司教たちの矯正が必要であるとはいえ、互いに誠実に交わるべきである――との関係が取り上げられている。グレゴリウスによると、アウグスティヌスは司教たちに対し、説得力と魅力ある話し方をもって対処しなければならない。律法にもつぎのように書かれている。「隣人の麦畑に入るときは手で穂を摘んで食べてもよいが、その麦畑で鎌を使ってはならない」(「申命記」二三・二五)。こうしたすべての勧告において、グレゴリウスは最大の節度と愛とを示している。

グレゴリウスとイギリス教会との関係はイギリス教会の将来を約束するもので、教皇によって創設されたこの教会は中世全体をとおして教皇座と緊密な絆を保ち、それが断絶したのはヘンリー八世の宗教改革によってである。(11)

第九章　ヨーロッパ最初の教皇大グレゴリウス

世界の終末

預言者グレゴリウスは、世界の終末をごく間近なこととして予告していた。実際、かれはランゴバルド族によるローマの攻略、ローマ帝国諸制度の崩壊を目の当たりにした人物で、「世界の終末」の証人であった。かれは五九三年、「元老院はどこにあるのか、人民はどこにいるのか」と叫んでいる。首都ローマの記念建造物は倒壊し、住民はローマの丘を放棄して低地に向かい、丘に残ったのは修道者たちだけであった。ランゴバルド族はイタリア全土で領地を奪い、ラヴェンナ、ローマを占拠しようとしていた。ビザンティン勢力は余りにも遠方にあって十分な支援を送ることもできず、教皇が敵と交渉することに反対しながらも、成り行きに任せるしかなかった。

東方との隔たり

上述したように、グレゴリウスは政治、宗教の分野において東方の皇帝と対立していたが、とくに五九五年以降、いくつかの点で皇帝マウリキウスをあからさまに批難している。そして、六〇二年皇帝と皇子たちが暗殺されてから何か月か待ったあと、グレゴリウスは、マウリキウス帝の後を継いだフォカスに書簡を書いている。そこでかれは、この皇帝が支配しているのは自由な人民であり、かれらの自由を尊重するように求め、また三五年前からランゴバルド族の手中にあるイタリアに関心を寄せるように求めている。しかしグレゴリウスは、大した幻想を抱かないようにしている。これまでの経験で、はっきりと地元の勢力に頼らざるをえないことを知っていたからである。

他方グレゴリウスは、ビザンティン社会によく通じており、神学的論争においては、かれらが先導することを危惧している。かれは、「われわれには、あなたがたのような魂の鋭敏さはありませんが、しかしあなたたちの欺瞞術ももちません」とナルセス伯に書いている（書簡Ⅵ・一四）。たしかに、グレゴリウスはギリシア語に通じていたが、しかしイタリアびいきから知らない振りをしている。実際グレゴリウスは、自分がイタリアおよびローマに深い愛着心があることを自覚している。かれが助祭ペトロの求めに応じて『対話』を書いたのも、奇跡を行った聖人たちがイタリアにも居たことを示すためであった。かれはシラクサの司教マクシミアヌスに対し、つぎのように書き送っている。「私の身近に暮らす兄弟たちは、イタリアの教父たちが行った奇跡について私が知っていることを手短に書くよう、熱心に求めています」(書簡Ⅲ・五〇)。何年もかけて資料を集めた後、カンパニア、ウンブリア、ヴァレリア、トスカナ、サムニウムといった地方の聖人たちの業績を取り上げてこれを称賛し、神は試練のさなかにあったイタリアを見放されなかったことを明示しようとした。

こうしてグレゴリウスの周囲に一種のイタリア愛国主義が誕生し、それは世代を重ねるにつれていっそう鮮明になっていく。教皇座とビザンティン帝国との緊張は拡大する一方で、それは、六五三年の教皇マルティヌス一世の強制移送(1)、八世紀初頭における聖画像破壊論者であった皇帝たちとの論争において顕著である。

結局、つねにランゴバルド族の脅威にさらされた教皇たちが援けを求めたのは、ビザンティン皇帝ではなく、蛮族の君主、フランクのペパン短躯王(2)であった。

神から祝福された王たち

教皇座のフランク人への接近は、グレゴリウス一世の在任中に顕在化してくる。それまでのメロヴィング朝と教皇座との関係はかなり二次的なものであった。とはいえローマは、最初にカトリックに改宗した蛮族の王がクロヴィスであったことを忘れたことはなく、教皇座はこれらフランク王たちに期待するところがあった。大グレゴリウスの前任者ペラギウス二世は、オーセールの司教アウナリウスにつぎのように書いている。「私は、あなたがたの王たちがローマ皇帝と同じ正統信仰を奉じているのは理由のないことではなく、神のみ摂理の格別なお計らいによるものであると信じています。神はそのみ摂理により、この信仰の揺籃の地であるローマと全イタリアに接して、それを擁護する隣人たちを配置されたのです」。先述したように、グレゴリウスは、自分の「息子たち」つまりメロヴィングの王たち、とくにシルデベルトと王妃ブルネハウトに心のこもった書簡を送っている。かれはこれらカトリックの王たちに勧告を与え、神のみ前におけるその責任を自覚させている。

グレゴリウスは、キリスト教的王権とその責務について最初に語るひとりで、その思想はのちのセビリャのイシドルス、[3] カロリング期の人々によって頻繁に取り上げられている。それによると、カトリック教徒である王は宗教的特質をもち、神はかれにひとつの役割を託している。王たちは、さいごの裁きの日に、成し遂げた成果について神に報告しなければならない。修道院長が修道院にいるのは、修道者に命令するためではなく、かれらに奉仕するためである。同様に、「権力をもつものは、他人に命令することよりも、むしろ自分がかれらに役立つものであることを喜ばなければなりません」。神は、こうした条件を満たす王たちに報いを与える。グレゴリウスはテオデベルト王に対し、「あなたの王国内における神に反する事柄を正そうと努めるならば、王国はますます栄えることでしょう」と書いている（書簡 XI・五〇）。また王妃ブルネハウトに対しては、「神のお気に召すことを行いなさい。そうすれば、神はあなたの善となることを行われることでしょう」と書いている（書簡 XI・四九）。グレゴリウスは〔教皇の聖別による〕王の戴冠を見通していたのではないかと自問する学者もいる。実際グレゴリウスは、『列王記上注解』において、つぎのように述べている。[4]「民を救い出す人々は、民の上に立つ者として塗油〔聖別〕される。なぜなら他の人々を治めるために神によって任じられた人々は、自分を他の人々のために役立たせるカリスマという聖なるたまものを受け、また位階によって上位におかれた人々よりも功績において優っているからである」。少なくともグレゴリウスはティエリ王について、かれは「神の恩恵による」権能をもっていると書いている。これはまた、カトリックに改宗したばかりのアングル人の王エセルバートに対し、グレゴリウスが述べたことばでもある（書簡XI・三七）。

キリスト教的ヨーロッパの構想

上述したように、イギリスの改宗はグレゴリウスの教皇職における重要な出来事のひとつであり、それはまた、教会に敵意を抱いていた一八世紀のギボン[5]も言うように、「それ「アングル人の改宗」は、ブリタニアの征服者カエサル[6]以上の栄光の座をグレゴリウスにもたらした」。グレゴリウスは、イギリスに教会を創設することによって、イギリスと大陸との交流を可能にする魅力ある拠点を設置したのである。それは、新たなキリスト教文化が展開されるいわば北方地中海世界の出現を可能にするものであった。

アイルランド人もまた、聖コルンバヌス[7]を介してグレゴリウスと結ばれていた。コルンバヌスは六〇〇年ごろブルゴーニュ地方のリュクスイユに居を定め、「世界を照らす知能に恵まれた」この教皇のことを耳にしていた。かれは教皇に書簡を送り、ローマとは異なるアイルランドの復活祭算出法に同意を求めようとしている。そして書簡の末尾で、自分も読んだことのあるグレゴリウスの『司牧規則』を褒め、『エゼキエル書注解』と、『雅歌注解』の終りの部分を送ってくれるように懇願している。つまり聖書の熱心な読者であったコルンバヌスは、グレゴリウスの聖書注解書を送ってもらおうと切望し、かれは、アイルランド人特有の凝った文体を用いて、グレゴリウスあての書簡をつぎのように書き出している。「聖なる主、キリストにおけるわれわれの父、ローマの教皇、教会の最高の誉れ、柔弱なヨーロッパ全体にあってきわめて崇高な精華、卓越した夜警、神の教えと愛の教師」。こうしてグレゴリウスは、「ヨーロッパの教皇」と呼ばれている。かつてこのヨーロッパという語は地理的用語にすぎなかったが、今や、イタリアからアイルランドに及ぶ西洋文明圏（l'Occident）を示すものであり、いわばビザンティン帝国に相対する新たな勢力を示すものとなっている。

最近の研究成果によると、コルンバヌスとグレゴリウスとの関係は、ベネディクトの『会則』のガリアへの導入という点でも重要であった。実際、ブルゴーニュ地方に住みグレゴリウスと文通のあったアイルランド人修道院長コルンバヌスは、ベネディクトの『会則』を知ることができたのであり、その後、近辺の修道院は「リュクスイユ風のベネディクトの『会則』」を採用し、それは、ケルト地方の修道会則の厳格さを和らげていった。またベネディクトの

『会則』は、グレゴリウスが送った修道者たちがカンタベリに居住することによりイギリスにももたらされている。

グレゴリウス風の中世

修道院という静寂な岸辺を離れ、生涯、そのことを悔やんだこの最初の修道者教皇グレゴリウスは、修道生活に関する神学書こそ著さなかったものの、その著作をとおして西方の修道者たちの知性に働きかけた。ジャン・ルクレールによると、「中世の修道生活に関する用語は、ほとんどすべてグレゴリウスに由来している」(8)。さらに、グレゴリウスはラテン中世における霊性および修道生活に、決定的な影響を与えたと言えるかもしれない。西方の図書館には、グレゴリウスの著作の写本が無数に保管されている(9)。七世紀以降、『ヨブ記倫理的解釈』はアイルランドにおいても知られ、ドゥオダのようなカロリング期の世俗の教養人もこれを頻繁に引用している。また、アングロ・サクソンのアルフレッド大王(10)は、これを民族のことばに翻訳させている。西方の教会法学者たちは、グレゴリウスの書簡から多くの文章を収集している。一二世紀の『グラティアヌス法令集』は、『ヨブ記倫理的解釈』から三一か所を引用し、その

フランス，シャルトル大聖堂南門の柱に彫られた
聖マルティヌス，聖ヒエロニムス，聖大グレゴリウスの立像。

（13世紀の高浮き彫り像。© Giraudin）

他、書簡からも多くの文章を取り入れている。『福音書講話』のある文章は、ひとつの警句として用いられている。たとえば、「理性によって証明されうることを信じたとしても、それは称賛に値するものではない」ということばは、一二世紀のアベラール[11]が警句として用いている。アンリ・ド・リュバックは、『中世における聖書注解』の第一部において、中世の人々がグレゴリウスをたたえていることに注目させるため九頁を費やしている[12]。以上、際立った引用、参照だけにとどめておくが。

第十章　聖なる人グレゴリウス

六〇四年三月一二日、大グレゴリウスは天に召された。かれは、ヴァティカンのバシリカの中庭に葬られ、ひとりの匿名の詩人が墓碑銘を書き、ことばと行いをもって人々を教導したこの「神によって選ばれた執政官」(Dei consul)をたたえている。それから数年後、かれはレアンデルの弟セビリャのイシドルスの書において称賛され、またイギリスではアングロ・サクソン教会の父として敬愛されている。その後、かれに対する尊敬は全ヨーロッパに広まり、八世紀初頭のフリースラントの使徒エヒテルナハのウィリブロード(1)の暦では、グレゴリウスの祝日は三月一二日となっている。

このように、全ヨーロッパにおいて、またキリスト教世界においてこれほど尊敬されているグレゴリウスは、どのような人柄の人物であったのだろうか。

法の尊重

まず、かれは伝統的なローマの政治家である。かれは、「公事」（res publica）においては共通善を尊重し、秩序と理性に基づいて政策を進めた。自分の態度を決めるにあたっては、慎重さを期している。かれは、資産の返還、遺言書の条項において、またユダヤ人や解放奴隷、奴隷に対する態度において法の遵守を求めている。また上述したように、正しくないと思われる皇帝の決定には反対しながらも、異端や異教と戦うためには俗権の力に頼っている。

元役人であったグレゴリウスは、教会への奉仕において、そしてまず自分の遺産の管理において法に関する知識を利用している。上述したように、イタリア、ダルマティア、アフリカ、ガリアにおける領地の管理人にあてた書簡は、大土地所有者の手になるものと言ってよいほど詳細にわたっている。しかしこの大地主は正義感が強く、農民の擁護に努めている。たとえば、シチリアの領地を預かる助祭ペトロは小作人の収益に応じて正当な賃金を支払うべきであり、税吏は小作人から絞り取ってはならず、納入額を決めるにあたっては目方をごまかすことがあってはならない。そしてグレゴリウスは、書簡の文末につぎのように書いている。「私がすべての農夫あてに送った文書をすべての領地において朗読させなさい。それは、かれらが私の権威を盾に不正から自分を守るためであり、その文書の原文か写しをかれらに持たせなさい」（書簡Ⅰ・四二）。

グレゴリウスは、自分の勧告が成果をもたらさないときは怒ることもある。かれはある書簡において、「私は、読んでもくれない人のために苦労して口述し筆記させるつもりはない」と書いている（書簡Ⅵ・三三）。領地の管理人だけでなく、何人かの司教も教皇の叱責を受けなければならなかった。上述したように、教会の信仰に関する場合、グレゴリウスは一切の妥協を認めなかった。かれは、コンスタンティノープルに滞在する教皇使節に対しつぎのように書いている。「あなたは私の性格をよく知っているはずです。私は長いこと辛抱しますが、しかしいったん決定したあとはもう受け付けません。いかなる危険があっても、私は喜々として進みます」（書簡Ⅴ・六）。

グレゴリウスはローマ人であり、古代の道徳家〔モラリスト〕の態度も継承している。かれは、人物を見る目をもち、人間の心の紆余曲折を弁えていた。かれは、しばしば医者や外科医を引き合いに出して、司牧者は悪をもたらす種々の原因、悪のはびこる種々の分野をよく見分け、それぞれに適した薬を処方しなければならないと言う。グレゴリウスが異教徒の書をそれとして引用することは決してないが、しかしその著作を読む人には、かれがセネカの道徳的著作を知っていたことは明白である。

苦しみの人

一四年間にわたってあれほど逞しくペトロの舟を操ったこの活動家は、矛盾するようであるが、苦しみの人であった。かれは、「この危険に満ちた大海原に漕ぎ出すため」、「自分の憩いの岸辺」つまり自分の修道院を去らねばならなかったことにまさに苦しんでいる。かれは、司教職の当初だけでなく全期間に亘って、一度ならず、そのことを文通において繰り返している。グレゴリウスは、軍事行動、領地の経営、司教たちの道徳的生活、異教的慣習などあらゆることに配慮しなければならず、そのため数多くの行政的配慮をついおろそかにしたと述懐している。また、たとえ秘書団がよく組織されていたとはいえ、過労気味であったこの人物は、どのようにして受けたすべての書簡に返事を書くことができたのであろうか。かれは、皇帝の姉妹に対しつぎのように書いている。「私は、世俗の生活において関与したことのなかったほど多くの世俗的心配事に取り紛れています」（書簡Ｉ・五）。

さらに注目すべき点は、グレゴリウスは大病人であったということである。かれは、修道院にいたころから失神することがあり、また胃病、「執拗な微熱」、痛風に苦しんでいた。そのため、聖書講話を代読させ、また手紙の返事を書くのを遅らせることもあった。かれは五九九年、「一一か月前から、床を離れることはまれである」と書き、その翌年は、荘厳ミサを捧げるために立ち上がることもできなかった。

病人であったかれは、病む人々に対しては思いやりと理解ある態度を示した。喀血したラヴェンナの大司教に対し、かれはつぎのように書いている。「私はあなたのことを心配し、こちらで学識ある医者と目されている人々に訊ねましたので、かれら一人ひとりの見立てと処方箋を送ります。かれらは揃って、休息と沈黙を命じています」。そして、ラヴェンナでは休息はありえないことを知っているグレゴリウスは、ローマに来るように招いている。「とくに私に可能な限り、あなたの世話をし、休息を確保しましょう……私もひじょうに病弱です……もし神があなたより先に私をお召しになるならば、私はあなたの腕のなかで息を引き取りたいと望んでいます」。グレゴリウスは、カルタゴの司教が病気から回復したことを喜び、また自分と同じく痛風で苦しむ女弟子ルスティキアナの病状について心を痛めている。「私の体が屍のように骨と皮だけになったのであれば、病気になるまえからすでに痩せ細っていたあなたの体はどのようになったでしょうか」(書簡XI・二六)。

シャゾットが書いているように、大グレゴリウスの書簡のなかには、「病気の善用」という章名を付けてもよいようなものさえある(2)。病いは、ヨブの場合と同じように試練であり、われわれの生活を振り返り、将来の安息を勝ち取るためのまたとない好機である。ジャン・ルクレールは、つぎのように書いている。「聖グレゴリウスの病気は、霊性史における重大な出来事のひとつである。それは、部分的にではあるが、かれの教えを決定づけ、またこの教えのもつ影響力のもととなる人間味、良識といった特徴と、確信に満ちた語調とをもたせているからである。つまり人間の悲惨はかれにとって思弁的な概念ではない。かれは、日ごとの困難によって研ぎ澄まされていく感性によって、身をもってそれを確認したのであった(3)」。付言すると、かれの良識は、また修道生活によって形成されていったとも言えよう。グレゴリウスは、「ベネディクト会士」でなかったとしても、ベネディクトと同じ良識、慎重さ、平衡といった感覚をもっていた。両者とも、カッシアヌスの『講話』第二講からそれを汲み取っている。カッシアヌスは書いている。「良識の恩恵のないところに、完成された恒常的な徳はけっしてない……なぜなら、すべての徳の調整者は良識であるからである」。

謙遜と寛容

グレゴリウスは人間の限界を知っており、それはかれを謙遜なもの、寛容なものにしている。かれから見た傲慢は、淫欲以上に重大な過ちである。かれは、『エゼキエル書講話』第二巻において、謙遜とくに使徒たちのかしらペトロの謙遜をたたえている。グレゴリウスは、小さな者、謙虚な者、貧しい人々をたたえる。かれらは神の友人だからである。こうしてかれは、文字も律法の掟も知らず、しかし心ひそかに愛をもって生きたサンクトゥルスの「学ある無知」を称賛する（『対話』Ⅲ・三七）。グレゴリウスは、教養の低い人々を心にかけていた。かれによると、説教者はかれらに合わせたことばを用いなければならない。「〔説教者は〕か弱い人々が意味不明なことばを聞き、慰められるはずのことばに押しつぶされることのないよう、高度な話し方をしてはならない」（『ヨブ記倫理的解釈』XX・三二）。

謙遜とともに寛容がある。寛容という語は、グレゴリウスの書に頻繁に出てくる。司牧者は、第一に内的生活に意を用いるべきであるが、しかし「世俗の活動も思いやりをもって容認すべきである」（『司牧規則』Ⅱ・七）。「時として、一見して悪行と分かるようなことも、慎重に容認すべき場合がある……」。しかし「人が過ちを見ても見ない振りをするのは、それを犯す人が、他の人は何も言わずに我慢していることを知ることによって同じ過ちを重ねることを恥じ入るようにするためであり、また、司牧者が忍耐をもって許容していることを自分の目で見ることによって、自分自身が自分の裁き手となり、それらの過ちを罰しなければならないことを理解させるためである」。さらに、「周知の悪事についても、周囲の状況から見て効果的な矯正が期待できない場合、それは慎重に許容すべきである。なぜなら包帯を巻くのが早すぎると、ひどく化膿させることがあるからである」(『司牧規則』Ⅱ・一〇)。こうした医療にもとづく喩えは、他の箇所にも出てくる。「無造作に包帯をまくと、傷口はしばしば悪化していく」(本書抜粋集6参照)。

寛容は、他の分野とくに社会における古い慣習に対しても必要である。たとえばグレゴリウスはユダヤ人たちの慣習を容認し、保護している。律法の範囲内において、「かれらがこれまで慣習としてきた集会は許容されるべきであり、かれらを信仰の一致へと導くためには優しさと厚意によるべきです」(書簡Ⅰ・三四)。かれは、シチリアの助祭たちが妻と床をともにすることを容認している。「節制の習慣がなく、以前から貞潔を守る積りもなかったものが、妻から引き離され、その結果、残念なことに、より悪くなることは耐えがたいことであり、適切なことではないように私には思われます」（書簡Ⅰ・四二）。かれはまた、カルタゴの教会の特権を容認している。「過去の慣習は、それがカトリックの信仰にまったく抵触しないものであるならば、そのまま維持されるべきです」（書簡Ⅰ・七五）。上述したように、グレゴリウスは、カンタベリのアウグスティヌスが新設のイギリス教会の典礼を組織したとき、ローマの慣習を押しつけるようなことはしていない。

良識と思いやりを重んじたグレゴリウスは、自分の身体的苦境、過去に対する悔恨、職務上の過労を癒すための手段を必要としていた。

友情の尊重

第一の手段は、友情であった。かれはラテラノにいたころ、何人かの聖職者たちの敵対的態度に出遭い、「私の周囲には、慰めをもたらすような信頼の雰囲気はありません」と書いている（書簡Ⅴ・五三）。これに反して、かれが教皇使節としてコンスタンティノープルに引き連れていった修道者の中にはすぐれた友人たちがいた。かれは、セビリャのレアンデルにあてた書簡のなかで、「親密な兄弟愛をもって私に結ばれていた修友の何人かは、私に従ってそこに

聖大グレゴリウス

（12世紀中葉の写本画。ドゥエー市立図書館蔵。© Giraudin による写真）

来ました」と書いている。『対話』の執筆において相手になった助祭ペトロとは、とくに親しかった。またグレゴリウスは、聖書注解の書を託した修道院長クラウドゥスに対しては、五、六か月間、自分とともにいることはできないかと頼み込んでいる（書簡Ⅸ・一八〇）。「キケロとその友人たちについては著作があるが、グレゴリウスとその友人たちについて書くためにも十分な資料が欲しいところである」とバティッフォルは述べ(4)、グレゴリウスが女性の貴族ルスティキアナにローマに来るように誘う数通の書簡を引用している。グレゴリウスは、自分の進歩を援けてくれる友人たちに大いに期待し、かれらが与えてくれる勧告も受け入れている。かれにとって友人とは、最高の裁き手が現れる以前に、率直な言動をもって罪から離脱するのを援けてくれる人のことである（書簡Ⅱ・四四）。

グレゴリウスの友人たちは、かれが祈るのを支えていかなければならない。かれは、アンティオキアのアナスタシオスに対し、「天上の祖国について語り合い、地上の流謫の無聊を慰めるため」（書簡Ⅰ・七）ローマに来るよう誘っている。かれは幾度となくその書簡において、修道者が毎日、何回かに分けて実行しなければならない「神のみわざ」（Opus Dei）つまり典礼について語っている。上述したように、グレゴリウスは「グレゴリオ聖歌」あるいは『グレゴリウス秘跡書』の生みの親ではないとしても、ローマ教会における典礼の再組織に意を用いている。

聖書と祈り

グレゴリウスにとって聖書の読書は、自分の悲惨から脱出するためのもうひとつの手段であった。この読書は、持続的な瞑想でなければならない。「神のみことばは畑のようなもので、収穫を期待するものが耕せば耕すほどより多くの収穫をもたらす。そのように、聖なるみことばに対する理解は、幾度となく、探求を重ねつつ深めていかなければならない。なぜなら、何度も繰り返し耕すことによって、土地はより豊かな収穫をもたらすようになるからである」(『ヨブ記倫理的解釈』XXXI・一五・二九)。読者は、聖書における話の筋を追うことで満足せず、聖書のもつ比喩的、道徳的、神秘的、象徴的意味を探求しなければならない。すなわち聖書の読書は高く来世へと導くものでなければならない。

人は、祈りによって、また読書によって外的世界から内的世界へと移っていく。グレゴリウスは聖パウロ、聖アウグスティヌスの態度を受け継ぎ、また自分の経験をとおして、われわれは日常生活において世俗の諸活動から観想へ、観想から世俗の諸活動への移行を交互に繰り返していることを見抜いている。かれは、『エゼキエル書講話』第五講において、この内的観想と外的活動との往復運動、観想と世俗的活動との混在について理論的に説明している。人間は、たとえ瞬間的にせよ、「神を見いだすためには自分の中に入って行かなければならない。ヌルシアのベネディクトのように、自分の修道院の塔のてっぺんから、「天上から迸り出る光が夜の闇を押し返すのを見た」人は稀である。「その光は、昼間の光に優るほどの輝きをもっていたが、しかしそれは闇のなかで光を放っていた」。しかし神は、この霊的戦いにおいて魂を支え、「外的には戦いに委ねながら、しかしご自分に向かうこの魂を内的に強めてくださる」。

生涯を通じて、「希求の人」であったグレゴリウスは、神の探求に熱心であった。かれは六〇三年二月、ルスティキアナにあてて、「私はこれほどの激務にさいなまれ、呻きつつ、生涯のさいごの日を迎えたことを残念に思います」と書いている。また他の箇所では、つぎのように書いている。「私は、異郷の地であるこの地上におけるような冬のない、あの世に憧れています……われわれの巡礼の単なる道程にすぎず……砂漠にすぎず……この地上には真の生命はありません。そこにあるのは影にすぎません」。かれは、こうした二重の悔恨について、人は自分の過失を思って涙のうちに深く苦しみ、その魂は天上の喜びに憧れて燃え立つと言い、神の直観によって満たされることを欲している。そして六〇四年三月一二日、聖グレゴリウスの望みは満たされたのであった。

抜　粋　集

1　教皇大グレゴリウス

グレゴリウスはローマ民族に属し、その父はゴルディアヌス（Gordianus）であった。かれは一三年六か月と十日の間、教皇座にあった。かれは、約四〇編の福音書注解の説教と、「ヨブ記」、「エゼキエル書」に関する講話、『司牧規則』、『対話』のほか、数え切れないほどの多くの著作を著した。その時期は、地方総督であったロマヌスがローマに来たところに当たる。かれはラヴェンナに戻り、ランゴバルド族が占拠していたストゥリ、ポリマルティウム、オルテ、ドディ、アメリア、ペルーサ、ルキオリスその他多くの町を取り戻した。同じころ、至福なるグレゴリウスは、メッリトゥス、アウグスティヌス、ヨハネスといった神の僕たちを、神を畏れる幾人かの修道者とともに宣教のために派遣した。グレゴリウスが、かれらを送ったのは、アングル族に説教し、主キリスト・イエスに改宗させるためであった。かれは、ミサ典文のカノン〔奉献文〕の中に、「また、私たちの日々をあなたの平和のうちに置いて下さい」（Diesque nostros in tua pace dispone）ということばと、その他いくつものことばを導入した。

かれは、至福なる使徒ペトロをたたえて、四脚の純銀の聖体容器を作らせた。また、聖ペトロの聖遺骸を包むために真紅のマントを作らせ、それを一〇〇リブラの純金をもって装飾した。かれは、聖ペトロの聖遺骸の上でミサ聖祭を捧げ、使徒聖パウロの教会においても同じようにした。同じころ、かれはスブラ地区にあったゴート人の教会の献堂式を挙行し、至福なる殉教者アガタの守護のもとにおいた。かれは、自分の住居を修道院に変えた。

かれは三月一二日に死去し、使徒聖ペトロ大聖堂の聖器室の前に葬られた。かれは司祭叙階式を二度、挙行した。一回は四旬節の間に、もう一回は七月の間に、合計三八名の司祭と五名の助祭を叙階した。かれはいろいろな地方で、六二名の司教を祝聖した。〔かれの死後〕教皇座は五か月と一八日の間、空位のままであった。

（『リベル・ポンティフィカリス』Ⅰ）

2　回　心

回心の第一段階において、人は重苦しい心痛を経験する。各人は、自分の罪を思い、世俗への気遣いという桎梏を断ち切り、穏やかな生き方をもって神への道を歩み、過ぎ去るものへの欲望という重荷を放棄し、自由な奉仕をもって、主の軽やかなくびきを背負おうと欲する。かれはこれらのことを考えながらも、肉的快楽を思い起こす。この快楽は、それに慣れ親しみ、ずっと以前から繰り返されていれば、それだけかれを固く束縛し、またそれに身を任せるのが長ければ長いほど抜け出すのが困難である。魂はこちらに呼び寄せ、肉はあちらに引き寄せようとするとき、また、新たな生活に対する愛がこちらに招くのに対し長い間の悪習があちらに引き留めようとするとき、かれの心はいかほど苦しみ不安に襲われることだろうか。しかし神の恩恵は、これらの困難が長い間われわれを苦しめることを許さず、手際良くわれわれの罪の絆を断ち切り、きわめて速やかに新たな生活の自由へと連れ戻し、以前の悲しみに代えて喜びを与え、われわれを強めて下さる。こうして、回心したそれぞれの魂は欲していたところに到達し、そこに至るまでどれほどの苦しみに耐えてきたかを憶えているだけにいっそうそれを喜ぶ。

(『ヨブ記倫理的解釈』XXIV・一一)

3　皇帝マウリキウスあての書簡

アギルルフは何の下心もなく国家を支持する気持になっていると言う私のことばは、信用されないばかりか、偽りであると批判されています……実を言いますと、もし帝国に対する私の奉仕の心が日を追うに連れて高まっていなかったならば、私は無視され嘲笑されることも甘んじて受け、黙していたことでしょう。しかし私を深く悲しませたのは、私に向けられた嘘つきという非難がランゴバルドのくびきの下におかれているイタリアに日々、重くのしかかっていること、また私の提案に反対している間に、敵は恐ろしいまでにその勢力を拡大していることです。

しかしながら、いと敬愛する陛下に対し、私はつぎのことをお勧めします。たとえ陛下が私について思いつく限りの悪を考えておられるとしても、帝国の善とイタリア解放の意図については、愛想よくだれかれの別なく耳を傾けることなく、ことばよりも現実を受け入れるようにお願いします。陛下が、地上において手にしておられる権力をもとに、司教たちに対し過度にお怒りになりませんように。むしろかれらが仕える「お方」のことを深く考え、当然かれらに払うべき敬意を欠くことなく、かれらの主でありますように。実際、聖書では、かれらはある時は神々と呼ばれ、ある時は天使と呼ばれています。モーセは、宣誓するために連れて来られた者たちに対し、神々すなわち司祭たちに向かって宣誓せよと言っています。また、「あなたは神々を呪ってはならない」と書かれていますが、そこで言われているのは司教たちのことです。また、預言者はつぎのように言っています。「祭司の唇は知識を守り、人々はかれの口から教えを求める」(「マラキ書」二・七)と。

神がそのみことば〔聖書〕の中で、天使あるいは神々と呼ばれているものを陛下が尊敬されたとしても、何の驚くことがありましょうか。また私は、教会の歴史を証人に立てましょう。敬虔な記憶をもって思い起こされるコンスタンティヌスのもとに、司教たちを非難する文書が提出されたことがありました。かれはこの文書を手に取り、訴えて来た人々を呼び集め、その面前で火に投じて、つぎのように言われたのです。「あなた方は、真の神から権力を与えられた神々である。立ち去って、あなた方の間で自分の問題を解決せよ。私は、神々を裁くにふさわしいものではない……」。

かれ以前にも、教会には、真の神を知らず木や石で作られた神々を崇める異教徒の君主が何人かいました。しかしかれらは、その祭司たちに最大の敬意を払っていました。従って、もしキリスト教徒の皇帝が真の神の祭司たちをあえて敬ったとしても別に不思議ではありません。先述したように、異教徒の君主たちは、木や石から成る神々に仕えていた祭司たちを敬うことを受け入れていたのですから……」。

私は、帝国になんらの害を強いることなくトスカナ地方のランゴバルド族との間に成立させていた平和を、奪われました。この平和が失われたあと、戦士たち——そのあるものは敵に殺され、あるものはナルニとペルジアの要塞の守備に就かせられていた——はローマ市から立ち去りました。ペルジアを保持するため、ローマは放棄されたのです。その後、アギルルフの来襲は、いっそう耐えがたい衝撃でした。私は、ローマ人が首に綱をかけられて犬のように繋がれ、売られるためにフランキア地方に連行されていくのをこの目で見ました。私は都市〔ローマ〕に閉じ込められ、神のご加護によってアギルルフの手から逃れましたが、人々は麦の欠乏についてその責任を私に負わせようとしました。この都市においては、長い間、それを大量に保管しておくことはまったく不可能でした……実は、私としてはそれについてまったく心配しませんでした。しかし栄えある親衛隊長官グレゴリウス、軍団長カッシアヌスのことでは私は少なからず苦しみました。たしかにこのふたりは、可能なことは何も怠りませんでした。かれらはローマ攻略の間、日夜、この都市を防衛するために極度の疲労も耐え忍びました。ところが、こうした献身のあと、陛下はかれらに対し、不意に怒りを爆発させたのです。こうしたすべてのことをとおして、私は、かれらが責められているのはその行為のためではなく、むしろ私のせいであったことがはっきり分かりました。なぜならかれらは、私とともに苦悩したあと、私とともに苦しめられたからです。敬愛する陛下は、「全能なるお方」による恐ろしくかつ耐えがたい裁きをもって私を脅し……私は、陛下の正義よりも来るべきイエスの憐みに望みをつないでいます。なぜなら陛下の裁きについては、大したことは分からないからです。つまり陛下がたたえることはイエスが非難することでもありえますし、また陛下が非難することはイエスが称賛することでもありうるからです。こうしたすべての不確かさのなかにあって、私は、全能のお方が直接に陛下を導き、陛下がかれの恐るべき裁きのときあらゆる罪過を免れ、イエスの永遠の恩恵に背くことのないように祈りつつ、また必要とあれば、私が人々に受け入れられるように願いつつ、涙を流すだけです。

（「書簡」Ｖ・三六）

4　人間とその矛盾

人間の苦痛と人間を疲労させる発熱についてはふれないとして、なお、健康と呼ばれるもののなかにはいわば一種の不調による苦しみもある。休息は人間を虚弱なものにし、労働は疲労させる。食べることを止めると、人間は衰弱していく。死なないためには食物を摂らなければならない。しかしやがて食物はかれを疲れさせる。そのとき、断食はかれを楽にし、体力を回復させる。元気を取り戻すためには入浴が必要であるが、余り長い間水に浸かり力が抜けるのを防ぐためには、水を拭きとらなければならない。休息によって衰弱しないためには、労働をもって体力を保持しなければならない。労働によって疲労し倒れないためには、休息をもって体力を回復しなければならない。徹夜で気だるくなった人は、眠ることによって力を取り戻す。眠りすぎて不活発になった人は、この休息によっていっそう気だるくならないためには、徹夜し、自分を奮い立たせなければならない。刺すような寒さを避けるためには、衣服を着なければならず、暑さを求めつつそれによって意識を失ったものは、そよぐ微風によって力を取り戻す。このように、体の不調を感じそれから逃れようと努めるとき、ひどく傷めつけられた健康は、薬となるはずのもので苦しむ。熱が去り苦痛が止んでも、われわれの健康はまだ弱々しく、絶対に手を抜くことはできない。われわれの生活に役立てようとするこれらすべての癒しは、われわれの不調にとっては良薬である。しかしこれらの薬も毒に変化する。もしわれわれが選んだ薬に少しでも長く執着すると、われわれに体力を回復させてくれると予見していたものによって体は不調になる。

（『ヨブ記倫理的解釈』Ⅷ・五三―五四）

5　回心した罪びとの利点

肉の罪を知らない人々に対しては、処女性は結婚に優ることを教える一方、だからといって、自分が結婚した人々より優れていると思わぬように忠告しなければならない。このように、処女性を第一位におき自分たちを第二位に置くことによって、かれらは最良と評価するものを放棄するわけではなく、それを度外視することによって、軽薄な傲慢から自分を守るのである。しばしば世俗の人々の活動は、節制する人々とその生活様式を責めるものであるという考え方には注意すべきである。前者は自分たちの条件を超える善業に取り組み、後者は自分たちの立場が求めるほどに心を発奮させていないからである。したがって預言者が、「シドンよ、恥じよ、と海は言っている」（「イザヤ書」二三・四）と告げているのは、実に正しい。実際、シドンは、いわば海の声を聞いて恥じ入るようになる。つまり、世俗の人々および現世の波打つ水の上に揺れ動く人々の生活をまえにして、安全な場所にじっとしている人は、自分の生活が非難されているのが分かるようになる。実際、肉欲の罪を犯したあと主に立ち返った人たちが、自分は悪を働き断罪に値するものであったと認めれば認めるほど、熱心に善を働く態度を取ることもまれではない。また、肉的なものから全面的に身を純潔に保っている人々が悔やむべきものは何もないと思い込み、自分の生活をまったく穢れないものと考え、なんらかの方法をもって魂の火を掻き立て魂の熱意を高めようとしないこともまれではない。過失を犯したあとより熱列に愛に燃え立つ生活は、安全のうちに麻痺してしまった無垢な生活よりも、しばしばよりいっそう神のみ心に叶うのである。そのため神は、裁くお方の声をとおしてつぎのように言っている。「かの女は多く愛したからその多くの罪が赦される」(『ルカによる福音書』七・四七)と。また、「悔い改める一人の罪人については、悔い改める必要のない九九人の正しい人についてよりも大きな喜びがある」(上掲書、一五・七)とも言っている。自分の判断の仕方に注目するとき、われわれは自分自身の経験から、すぐにこうした結論を引き出すことができる。実際われわれは、茨もなくよく耕されながら僅かの実りしかもたらさない土地よりも、茨を取り除かれ、豊かな実りをもたらす土地の方を好む。

(『司牧規則』Ⅲ・二八)

6 厳しさのなかにもやさしさを

主は、預言者を介して司牧者たちを非難し、こう言われる。「あなたたちは、怪我した者に包帯をせず、追放された者を連れ戻さなかった」と。連れ戻された追放者とは、罪に陥ったあと、熱心な司牧によって再び義の状態に置かれた人のことである。傷ついた箇所に包帯を巻くとは、規則に従って過失を罰することである。包帯は、傷口が大きく広がるのを防ぐためきつく巻かなければならない。

しかし無造作に包帯を巻くと、傷口はしばしば悪化していく。余りきつく巻くと、傷口はいっそう痛む。目下のものの過失を矯正するときは、それによる傷を小さく留めるように手加減をする必要がある。たとえば、道徳的規則に違反したものにそれを守らせようとする場合、父親のようなやさしい愛情を忘れてはならない。したがって司牧者は、子どもに対する母親のやさしさと、父親の道徳的厳しさをもつように留意すべきである。かれはまた、可能な限り臨機応変に対処し、厳しさが苛酷さにならぬよう、やさしさが柔弱に流れないように配慮すべきである。私が、『ヨブ記倫理的解釈』において述べたように、規則の遵守における厳格さと寛容さは、そのどれかが欠けるとき、失われるものは大きい。司牧者は、その下にあるものに対し、正義を加味した寛容さとやさしさを含む道徳的厳格さとを同時に併せ持つべきである。だからこそ、「真理なるお方」がわれわれに教えているように、サマリア人は瀕死の傷を負った人を宿屋に運び、ぶどう酒と油をその傷口に注いだ（「ルカによる福音書」一〇・三三―三四参照）のであった。傷には、ぶどう酒の刺すような痛みと、油のもたらすやさしさが必要であった。そのとおり、ぶどう酒は悪くなったところを清め、油は癒すべきところを生き返らせるのであるから、傷を癒す役務を負わされている人はみな、ぶどう酒をもって刺すような痛みを与え、油をもってやさしく慰めなければならない。

したがって、厳格さにやさしさを混ぜ合わせ、両方をもって適量の薬を調合しなければならない。こうして目下のものは、余りに過大な厳格さをもって過度に罰せられたり、度外れたやさしさをもって柔弱にされたりすることはなくなる。

（『司牧規則』Ⅱ・六）

7　二通りの生活

二通りの生活が、マルタとマリアというふたりの女性によって象徴されている。そのうちのひとりは多様な奉仕に忙しく立ち回り、もうひとりは主の足もとに座り、かれの口をついて出るみことばに耳を傾けていた。マルタが、自分を手伝ってくれないとマリアを責めたとき、主は答えられた。「マルタ、お前は多くのことに取り紛れ心配している。マリアは最良の部分を選んだ。それをかの女から取り上げてはならない」（「ルカによる福音書」一〇・三八―四二参照）。注意しよう。マルタの分担が非難されたわけではない。しかしマリアは褒められている。そして主は、マリアが選んだ分担はよいとは言わず、マルタの分担がよいことを仄めかして、より良いと言っている。なぜ、マリアの分担はより良いのだろうか。その答えは、そのあとに続く「それをかの女から取り上げてはならない」ということばにある。実際、活動生活は体とともにやむ。だれも飢えることのない永遠の祖国において、だれが飢えたものにパンを与えることができるだろうか。だれも渇きをおぼえないところで、だれが渇く人に飲み物を提供するだろうか。だれも死なないところで、だれが死人を葬るだろうか。したがって、活動生活は現世とともに取り除かれる。これに対し、観想生活はこの世において始まり、天上の祖国において完成される。なぜなら愛の火はこの世から灯り始め、われわれが愛するお方を見るとき、その炎はいっそう燃えさかるからである。したがって、観想生活は取り除かれない。むしろ現世の光が取り去られるとき、それは完成される。

（『エゼキエル書講話』Ⅱ・二、九）

8 教会は「曙」と呼ばれる

星々は闇に包まれ、待ち望んでも光は射さず、明け初める曙もまったく見えない（「ヨブ記」三・九参照）。教会は曙と呼ばれている。教会は、自分の罪の闇から正義の光へと移り行くからである。そのため「雅歌」において、花婿は教会について、感嘆しつつつぎのように言う。「曙のように姿を現す乙女はだれか」（六・一〇）。選ばれた人々の教会がかつての堕落の闇と別れて回心し、新たな光をもって輝くのは、まさしく曙のようである。厳しい裁き手が来るときに現れるその光のなかで、断罪された敵の体は、曙が現れ光り始めるのを見ることはない。なぜなら、報いを与える厳しい裁き手が来られるとき、罪の暗さにあえぐ悪人はみな、心の内的光を帯びて現れる聖なる教会がどのような輝きを放つかを知らないからである……そのとき聖なる教会全体は、死すべき運命と無知の闇から完全に離れる曙のようになる。裁きのとき、それは曙にすぎないが、しかしみ国においては昼の光となるであろう。教会は、裁きのとき体の復活とともに光を見始めるとはいえ、しかしみ国において観想の完成に達するからである。曙の始まりは輝く教会の始まりであるが、神に見放された者はそれを見ることはできない。かれらはその悪業の重みに引きずられ、厳しい裁き手の眼前から遠く闇のなかに立ち去るからである。

（『ヨブ記倫理的解釈』Ⅳ・一一―一九）

9　神への希求

われわれは、神がご自分を観るように観るのではない。また、われわれは神がご自分において憩うように神において憩うのではない。われわれの神の直観や安息は、ある意味で、神ご自身の直観や安息に似てはいるが、同一ではないからである。なぜなら、観想の翼はわれわれを持ち上げるようにしてわれわれ自身から引き離し、神の直観へと導き、われわれが自分のうちに不動のものとして留まることを許さない。われわれは、心の飛躍と観想の甘美さに持ち運ばれ、いわばわれわれを離れて神に向かう。そしてかれに向かわせるこの動きそのものはわれわれから安息を奪い取るが、しかしこうした動きは完全な安息である。それが完全な安息であるわけは、人は〔そこで〕神を観るからである。しかしこの安息は、神ご自身の安息とひとつにはならない。それはいわば似てはいるが、しかし別の安息である。われわれの休息は、神の安息というものの模倣にすぎないからである。

（『ヨブ記倫理的解釈』XVIII・五四、九一、九三）

10　燃え上がる柴——その種々の意味

聖書にある同じひとつの文章を読みながら、ある人はそこに語られる事実のなかに自分の糧を見いだし、ある人はその寓意的な意味を探る。また他の人は、その寓意をとおして神秘的象徴的意味を見いだそうとする。これまで言われて来たように、概して、同じひとつの文章に三つの意味を見いだすことができる。モーセは、燃え上がる柴から発する呼びかけを聞いたとき、神を直観しようとして近づいた。すると、柴は燃えていたが、燃え尽きてはいなかった。何という不思議なことか。もし読者が歴史的事実にしか関心がなかったならば、木を燃やすが木は燃えていないこの火を見て、かれはその知識を殖やすものを見ているにすぎない。もしかれが寓意的意味を求めているならば、炎の火は、「私の右手に火の掟がある」と書かれているように、律法を意味しているのではないだろうか。そしてこの柴は、罪という茨のはびこるユダヤ民族を示しているのではなかろうか。ところで、燃え上がる柴は燃え尽きることがなかった。ユダヤ民族はたしかに律法の火を受け取りながら罪の茨を取り去ることも、神のみことばの炎に自分たちの悪業を焼こうともしなかったからである。おそらくある人は、この文章をとおして、この場景により重大な事実を見ようとするかもしれない。かれの理解が高く上がり広がるにつれて、自分も上がっていく。たしかに、神の独り子は人間の間に降った完全な人であった。かれは、罪はもたなかったが、しかしわれわれの悪意の茨をご自分に引き受け、われわれの苦悩の火をご自分に甘んじ受け苦しまれるほどに、ご自分を低くされた。ところで、かれは燃え尽きることなく燃え上がった。かれはご自分を低くしたことによって死んだが、しかしその神性によって不死のままに留まられた。かれは、われわれから受け取られたものをわれわれのために犠牲に捧げられたが、しかしそれによってかれは害を受けることも苦しむこともなく、われわれが固有のものとしてもっているものを捨てさせ変化させるために、かれが固有のものとしてもっておられることにおいては不変のままであった。

（『エゼキエル書講話』Ⅰ・七、一〇）

11　イギリスにおけるグレゴリウスの司牧

「あなた方を全能の神が、もっとも尊敬すべき私たちの兄弟アウグスティヌス司教のもとへ導いて下さったならば、私が長い間イギリス人の状態について考慮してきたことをお伝え願います。それは、この種族の偶像の神殿の中にある偶像は破壊されるべきですが、しかし神殿そのものは決して破壊すべきではなく、むしろ聖水を準備し、それを神殿にふりかけて〔清め〕、そこに祭壇を設置し、聖遺物を置くようにするということです。これら神殿がすぐれた建物であるならば、それは悪魔の崇拝から真の神への奉仕のために用途を変えるべきであり、また民衆は、自分たちの神殿が破壊されていないのを見て、心から罪を投げ打ち、真の神を認め敬い、通い慣れた場所へ違和感なく集まってくるはずです。またかれらは悪魔への犠牲として多くの牛を殺すのをならわしとしていますが、これに代えて、ある厳粛な祝日を設けるべきです。教会献堂の日に、あるいはそこに聖遺物が置かれている聖なる殉教者たちの記念日に、かれらが、神殿を転用した教会の周囲に自分たちのため木の枝で天幕を作り、宗教的祭典をもって厳粛に祝うようにさせて下さい。もはや悪魔のために動物を犠牲に供えるのではなく、自分で食べて神を賛美するために動物を殺し、自分たちの豊かさについて万物の与え主に感謝を捧げるようにさせて下さい。こうして、かれらが外的な喜びを味わうことにより、より容易に内的喜びをもつことができるようにさせて下さい。粗野な心からすべての物を直ちに排除することが不可能なことは疑いのないところであり、また、頂上に登ろうとする者も、一足飛びではなく階段を踏んで一歩ずつ登っていくからです。

（書簡 XI・五六。尊者ベダ著『英国教会史』長友栄三郎訳、八三頁参照）

12 『司牧規則』――一部の章の標題

第四〇章　穏やかな人々と怒り易い人々には、それぞれ異なる仕方で注意を与えること
第四一章　謙遜な人々と傲慢な人々には、それぞれ異なる仕方で注意を与えること
第四二章　頑固な人々と移り気な人々には、それぞれ異なる仕方で注意を与えること
第四三章　貪食な人々と節制する人々には、それぞれ異なる仕方で注意を与えること
第四四章　〔他人の〕窮乏に敏感ですでに自分のものを与えている人々と他人のものを奪い取ろうとする人々には、それぞれ異なる仕方で注意すること
第四五章　他人のものを希求することはないが自分のものを出し惜しむ人々と、自分のものは与えるが他人のものを奪い取ることをやめない人々には、それぞれ異なる仕方で注意を与えること
第四六章　分裂を唆す人々と温和な人々には、それぞれ異なる仕方で注意を与えること
第四七章　不和の種をまく人々と平和をもたらす人々には、それぞれ異なる仕方で注意を与えること
第四八章　聖なる掟の文章を正しく理解していない人々と、正しく理解してもそれについて謙遜に語ろうとしない人々には、それぞれ異なる仕方で注意を与えること
第四九章　説教の才能にとくに恵まれているとはいえ過度の謙虚さから説教するのを恐れる人々と、説教の才能に恵まれていないためあるいは年齢不足から説教はできないのに、軽率にもそれ

を行おうとする人々には、それぞれ異なる仕方で注意を与えること

第五〇章　自分が欲する現世のことに成功した人々と、世俗的欲望に溢れながらそれを満たすのに失敗しその重荷に苦しむ人々には、それぞれ異なる仕方で注意を与えること

第五一章　結婚の絆で結ばれている人々とそれから自由な人々には、それぞれ異なる仕方で注意を与えること

第五二章　自分が犯した肉欲の罪を意識している人々とこれらの罪を知らない人々には、それぞれ異なる仕方で注意を与えること

第五三章　自分の罪を嘆き悲しむ人々には、行為をもってそれを犯したかあるいは思いをもって犯したかに従って、それぞれ異なる仕方で注意を与えること

第五四章　罪を嘆きながらもそれをやめようとしない人々と、罪をやめながらもそれを嘆き悲しまない人々には、それぞれ異なる仕方で注意を与えること

第五五章　自分の放埒な態度を自慢するほどの人々と、羽目を外した行動に不満をもちながらもそれを避けようとしない人々には、それぞれ異なる仕方で注意を与えること

第五六章　衝動的な感情のままに行動する人々と故意に過失を続けていく人々には、それぞれ異なる仕方で注意を与えること

第五七章　微細な違反ではあるがそれを頻繁に犯す人々と、軽微な過失を避けながら時として重大な

過失を犯す人々には、それぞれ異なる仕方で注意を与えること
第五八章　善を行うため行動を起こそうとしない人々と行動を起こしても完遂しない人々には、それぞれ異なる仕方で注意を与えること
第五九章　密かに悪を行いながら公には善を行う人々と、密かに善を行いながらみなの目にふれるなんらかの行為をもって不利な判断を招くような態度をとる人々には、それぞれ異なる仕方で注意を与えること
（『司牧規則』Ⅲ・第四〇章―第五九章）

13　世界の終末

……兄弟たちよ、あなたたちは、一昨日、突如、竜巻が起こり、樹齢数百年の大木が根こそぎ倒され、家屋は破壊され、教会は跡形もなく倒壊したことを聞いたことでしょう。どれほど多くの人が、安らかに宵の一時を過ごし、翌日は何をしようかと考えていたことでしょう。しかしかれらは、その夜、破壊の罠にかかり、突然の死によって命を奪われたのではないでしょうか。しかし、いと親愛なる兄弟たちよ、考えても見て下さい。目に見えない裁き手は、このことを引き起こすためわずかの風を起こし、ただ一片の雲をもって突風を吹かせたにすぎないことを……。したがって、この裁き手本人が来られ、罪に報復しようと怒りに燃え立たれるとき、一体どうなるでしょうか……。

ですから、いと親愛なる兄弟たちよ、この大いなる日を思い描いて見てください。いま、耐え難いと思うすべてのことが、これに比べてどれほど軽く感じられることでしょう。預言者が言ったのも、この大いなる日のことです。「主の大いなる日は近づいている。速やかに近づいている。聞け、主の日にあがる声を。その日には、勇士も苦しみの叫びをあげる。その日は、憤りの日、苦しみと悩みの日、荒廃と滅亡の日、闇と暗黒の日、雲と濃霧の日である……角笛が鳴り、鬨の声があがる日である」(「ゼファニア書」一・一四―一六)。「私は間もなく、地だけでなく天をも揺り動かす」(「ハガイ書」二・六)と主が預言者を介して言われたのも、この日のことである。(『福音書講話』I・一・五―六)

14 天国

永遠なるお方が(天国の)牧場においてお与えになる満足は、現世における快楽の罠をすでに逃れた人々を喜ばせる。そこには、賛歌を歌う天使たちの聖歌隊がいて、また天上の市民たちの共同体もそこにいる。そこでは、地上の巡礼における惨めな試練を経て来た人々の和やかな宴が催され、またそこには、未来を予言していた預言者たちの群、われわれの裁き手となった使徒の集団、勝利を収めた無数の殉教者たちの軍団――かれらは、この世においていっそう苛酷な試練を経ただけにそれだけ来世において喜び祝う――と、教えを忠実に守り通し、今はその報いを受け慰められている証聖者たち、性的能力の強さに打ち勝ち、世俗の快楽によっても柔弱にされなかった信徒たちと、自分たちの性と同時に世間をも制御した女性たちがいる。またそこには、すでにこの世において年齢に優る気骨のある子どもたち、この世において年相応に衰弱したとはいえ行動力を保つ老人たちがいる……したがって、いと親愛なる兄弟たちよ、この牧場を探し求めよ。そこであなたたちはこれほど多くの市民が集まる宴に連なり、その喜びにあずかることができるはずである。（『福音書講話』Ｉ・一四・六）

グレゴリウス関係の年譜（ゴシック体は大グレゴリウスの生涯を示す）

五三三　ユスティニアヌス帝アフリカを奪回
五三四　『ユスティニアヌス法典』
五三五　アガペトゥス一世教皇（五三五―五三六）
　　　　ゴート戦争（ビザンティンによるイタリア再征服）始まる（―五五五）
五三七　ヴィギリウス教皇（五三七―五五五）
五三八頃　トゥールのグレゴリウス生まれる（―五九四）
五四〇頃　**大グレゴリウス生まれる**
　　　　カッシオドルス、ヴィヴァリウム修道院を創設
五四六　東ゴート王トティラによるローマの占拠
五四七　東ローマ軍のベリサリオス、ローマを奪回
　　　　ユスティニアヌス帝、三章問題でヴィギリウス教皇を拉致、軟禁
五四七／五六〇　ヌルシアのベネディクト（四八〇頃―）死去
五五三　第二回コンスタンティノープル公会議　三章問題の決着
五五一　カッシオドルス、東ゴート制圧を求めてコンスタンティノープルへ
五五五　ヴィギリウス教皇、イタリアへの帰還途上死す。

イタリア再征服作戦（ゴート戦争）終わる
五五六　ユスティニアヌス帝の推薦によるペラギウス一世教皇（―五六一）
五六一　ペラギウス一世教皇死す
フランク王クロテール一世（五六一―五六三）死す
フランク（ネウストリア）王シルペリク一世即位（五六一―五八四）
ヨハネス三世教皇（―五七四）
五六五　東ローマ皇帝ユスティニアヌス死す
ユスティニアヌス二世帝位に就く（―五七八）
五六八　ランゴバルド族イタリアに侵入し、以後各地を徐々に占領
五七〇　ユスティニアヌス二世、聖十字架の聖遺物をラデグンダに贈る
五七二／五七三　ローマ市の長官となる（―五七三／五七四）
五七三　トゥールのグレゴリウス、司教になる
五七四　チェリオの丘修道院で修道生活に入る
五七七　ランゴバルド族、モンテ・カッシーノ修道院を破壊
五七七／五七八　レアンデル、セビリャの大司教（―六〇〇）
五七八　ユスティニアヌス二世死す
ティベリウス二世、東ローマ皇帝に即位（―五八二）
五七九　ペラギウス二世教皇（―五九〇）
ランゴバルド族、ローマ市に迫る

ペラギウス教皇により助祭に叙階される。
五八〇　教皇使節としてコンスタンティノープルへ
五八二　東ローマ皇帝ティベリウス二世死す
　マウリキウス、東ローマ皇帝即位（―六〇二）
五八三頃　カッシオドルス死す
五八五　西ゴート族、スペインのスエヴィー族を征服
五八六　ローマの修道院に戻る
五八七　レカレード王、カトリックに改宗
　スラヴ族、東方帝国に侵入
五八九　テベレ川氾濫、飢饉、疫病発生
五九〇　ペラギウス二世教皇死す
　教皇座に就く
五九一―五九二　アギルルフ、ランゴバルド王になる
　『福音書講話』と『司牧規則』を著す
五九二―五九三　『エゼキエル書講話』を著す
五九三　ランゴバルド族と休戦
五九三―五九四　『対話』を著す
五九四　トゥールのグレゴリウス死す
五九五　ローマ司教座の首位権をめぐり、コンスタンティノープル総主教との紛争始まる

『ヨブ記倫理的解釈』をレアンデルに贈る
五九六　アングル人のもとに宣教団（アウグスティヌスほか）を送る
五九七　アウグスティヌス、ケント到着、ケント王エセルバートの改宗
五九八　ランゴバルドとの休戦を更新
六〇〇　セビリャのレアンデル死す
その弟イシドルス、セビリャの大司教になる
六〇〇頃　リュクスイユにいたコルンバヌスから書簡を受ける
六〇〇以後　アラマン族の改宗
六〇一　西ゴートのレカレード王死す
第二次イギリス宣教団（メッリトゥスほか）を派遣
六〇二　東ローマ皇帝マウリキウス、殺害される
フォカス東ローマの帝位に就く（―六一〇）
『司牧規則』、ギリシア語に翻訳される
六〇三　ランゴバルド族と休戦を更新
ランゴバルド族の君主アダルアルド、カトリックの洗礼を受ける
六〇三―六二八　ビザンティン帝国、ペルシアと戦う
六〇四　大グレゴリウス死す
六〇五　カンタベリのアウグスティヌス死す
一二九五　ボニファティウス八世、大グレゴリウスに「栄誉ある教会博士」の称号を贈る

訳者あとがき

グレゴリウス教皇というとき、われわれがまず思い出すのは「叙任権闘争」で有名なグレゴリウス七世（教皇在位 一〇七三―一〇八五）のことで、本書で取り扱う「大グレゴリウス」あるいはグレゴリウス一世（在位 五九〇―六〇四）を挙げる人は少ないのではなかろうか。さらに、かれがなぜ「大グレゴリウス」と呼ばれるのか、その理由に注目するものはさらに少ないかもしれない。大グレゴリウスが「大」と呼ばれるわけは、かれがまずローマ帝国の混乱と滅亡に際し帝国の代役を果たしうる宗教・文化、政治・社会組織としてのローマ・カトリック教会を構想しかつ始動させ、中世の西欧世界の形成に重大な功績を残したからである。こうした視点から見ると、本書の中心は第九章「ヨーロッパ最初の教皇大グレゴリウス」にあり、他の部分はその補足的な説明である。

実際、大グレゴリウス教皇時代のローマ教会は、理念的にも実際的にも西方におけるローマ皇帝の代役を果たしつつあった。ユスティニアヌス帝は、三章問題をめぐってローマ教皇ヴィギリウスを拉致し軟禁したとさえ言われるが、グレゴリウスは、自分をローマの司教座に推薦してくれたビザンツ皇帝マウリキウスに対し、一応の敬意を払いながらも、皇帝による司教の選出、修道生活志願者の資格認定などに反対している。かれによると、確かに皇帝の権利は神から与えられたものであるが、ローマの司教は神の代理者でありかれの行為を裁く権利がある。グレゴリウスは皇帝の宗教への介入を排除するだけでなく、皇帝に代わってローマ市民の生活に必要な物資を補給し、イタリア半島各地に押し寄せるランゴバルド族から自らローマを防御し、かれらと交渉して身代金を支払い、休戦に当たっている。

グレゴリウスはまた、教会内部の一致を固め位階制度を確立している。かれは、東方教会とくにコンスタンティノープルの総主教による「普遍的」司教という称号に反対し、逆に、キリストの代理者ペトロの聖座を継承するローマ司教の首位性を主張し、一方、三章問題などで教皇座から離反し、互いに分離していた西方各地の司教たちとの連帯を固めようとしている。同時に、宣教という教会の本質的活動を活発にし、教会の救済活動をアルプス以北にまで拡げている。かれは、アレイオス派その他の異端者、あるいは異教を信奉していたゲルマン諸部族の改宗を図り、とくにイギリスへの宣教団の派遣は有名である。また、グレゴリウスはこれら北方の民のなかでも宗教的、地理的にローマに近い有力なフランク王国との政治的絆を固め、各地の教会の安定を目指している。また、グレゴリウスは各地に固有の風俗、慣習を取り入れつつ典礼を盛んにし、司祭、信徒の宗教教育のため、説教の必要性とその方法について、折あるごとに詳細にわたって指導を与えている。こうして、蛮族と呼ばれた民族の間にキリスト教と同時にラテン文化を浸透させ、このことは、のち北方諸地方の宣教、カロリング・ルネサンスにおいて活躍する多くの人材の輩出を準備することになる。

一方、キリスト教が「書物による宗教」である以上、教会の指導者には、統率力のほかに知的、霊的資質が求められる。まず知的資質から見たグレゴリウスは、当時の文化水準の低下を反映して文化・教養に反対あるいは無関心であったという教会史家もいる。しかしその著作から見たグレゴリウスのラテン語は、ベネディクトが『会則』において用いた日常語としてのラテン語に比して自然的かつ明確であり、かれが確かな古典的ラテン教養を身に付けていたことを示している。とはいえかれの古典教養はごく一般的なもので、当時の教育内容に含まれていた百科全書的な知識もごく限られている。またかれは、約六年間コンスタンティノープルに滞在しながらギリシア語は習得しなかったようで、かれのキリスト教的著作の読書はラテン教父に限られている。しかもかれがそこで注目したのは、教父たち（たとえばアウグスティヌス）の哲学的、抽象的思弁よりも、道徳的、実践的要素であった。聖書注解においても、一応は聖書における伝統的な三種の意味を挙げ、それらを応用しながらも、道徳的解釈を重視している。

かれの最初の注解書である「ヨブ記」の注解が『倫理的（道徳的）解釈』という表題をもつことにもこのことがよく示されている。

一方、霊性の点から見ると、かれの著作においてわれわれの目を引きがちなのは、中世において『黄金伝説』にまで発展するような「奇跡物語」と、時代の転換期にあった人々の関心を引き易かったと思われる個人と世界の歴史に関する終末論である。しかしグレゴリウスの霊性の根源には、真の意味での神秘学、教理神学がある。ただ、それらは体系的に述べられるのではなく、断片的に、折に触れて述べられているため、見逃されがちである。実際、生涯、病身であったグレゴリウスは自分自身の体験と聖務の遂行において目にした人間の悲惨を原罪の結果として受け留め、そうした認知から「罪への悔恨」と罪からの離脱を希求し、この離脱を可能にする神への深い希求としての人間の活動を促す。こうしてかれのキリスト教的生活は、実践、実際から観想へ、観想から実践へと循環していく。なおこうした実践と観想には、つねに人間のご自分への希求を促す神の恩恵の働きが前提であり、こうしたすべての人のすべての状況において働きかける神への希求を見ていたからこそ、グレゴリウスは司牧において自分に敵対する人々に対し、あれほどの謙遜、寛容さ、分別、中庸の態度をとることができたのである。こうした霊性と、それによる司牧つまり教皇としての活動の成果から、また群を抜く大部な著述活動ということもあって、グレゴリウスはアンブロシウス、アウグスティヌス、ヒエロニムスとともに、ラテン教会の四大教父と称されるのである。

著者リシェは、本書において、グレゴリウス自身の著作を多数、引用あるいは参照しつつ、グレゴリウス自身に語らせようとしている。したがって訳者は著者の意図を汲み、まったく概略的なものではあるが、グレゴリウスの主要な著作について若干の説明を付記しておきたい。

1 『福音書講話』（Homiliae in Evangelia）二巻。一般信徒を対象に、典礼中に朗読される福音書のテキストを注解する形で行われたもので、待降節第二日曜日からはじめて聖霊降臨後第二日曜日で終わる。グレゴリウスの著作のなかでもっとも古典的注解書に近いもので、語意からはじめて読者の理解を高めつつ比喩的、道徳的意味解釈へと展開していく。おそらく五九一年から五九二年にかけて口述され、のち、表現を明確にし内容の統一を図るかたちで二巻（それぞれ二〇篇の講話を含む）にまとめられ、五九二年あるいは五九三年に上梓されている。本書は、霊性だけでなく、その行間を通して当時の典礼（聖務日課、福音書朗読、説教）についても多くのことを教えてくれる。（邦訳　熊谷賢二訳『福音書講話』創文社、一九九五年）

2 『司牧規則』（Liber Regulae Pastoralis）四巻。教皇登位後まもなく著されたもので、司牧にたずさわる聖職者の使命と責任、司牧の実際的方法について具体的な指針を与える書である。その第一巻は、どのように司牧に取り組むかについて、第二巻は司牧者自身はどのように生きるべきかについて、第三巻はどのように教え、説教すべきか、また聴衆への適応について、第四巻は司牧に関する日毎の反省と謙遜について、取り扱っている。このうち、第二、第三巻が中心である。第二巻では、教会の司牧者の理想像を細かに描き、第三巻では、信徒の性、年齢、境遇など、グレゴリウスの鋭い人間観察が示されている（本書、抜粋12参照）。本書は中世における聖職者育成のための基本書であり、霊性の古典的著作のひとつで、すでに六〇二年、マウリキウス帝の命によりアンティオキアの総主教アナスタシオスによってギリシア語に訳され（書簡、XII・二四参照）、九世紀末にはアルフレッド大王により古英語に翻訳されている。

3 『エゼキエル書講話』（Homiliae in Ezechielem）二巻（二二編）。五九二年から五九三年のランゴバルド族によるローマ攻略のなかで書かれ、六〇一年ないし六〇二年頃上梓された書である。第一巻は、教皇職の初めのころローマの信徒に対し「エゼキエル書」第一章を中心に口述された一二編の講話を含み、第二巻は聖アンドレア修道院の修道者のため、「エゼキエル書」の最終章を取り扱っているが、いずれもランゴバルド族との戦さのさなかにあって語られたもので、世界の終末を身近に感じさせる。本書は、その起源、目的、様式において『ヨブ記倫理的解釈』に似通った書で、聖書の寓意的、神秘的、道徳的（倫理的）意味を追求するなかで、観想に関するグレゴリウスの神学的説明を提示し、中世においては聖書注解書としてより も霊性書、道徳書として愛読されている。

4　『対話』（Dialogi）、より正確には『イタリア師父たちの生涯と奇跡についての対話』（Dialogi de vita et miraculis Patrum italicorum）四巻（一五〇章）。本書は、大グレゴリウスの友人で書記でもあった助祭ペトロの願いのもとに、またかれとの対話という形で（一部ではあるが）、五九三年から五九四年に書かれた霊的教訓書あるいは聖人伝である。第一巻は、本書においてのみ知られる一二人のイタリアの聖人たちの生涯と奇跡について語る。第二巻は聖ベネディクトについて述べたもので、ヌルシアのベネディクトの生涯に関する最大の資料とされている。第三巻は三七人のイタリアの聖人たちの生涯と奇跡について語るもので、そのなかで最大の聖人はノラのパウリヌス（四三一年没）である。第四巻は魂の不滅性、死後の生命、天国、地獄、とくに煉獄について、死者の出現や幻視などをもとに述べる。全体としてはいわゆる「黄金伝説」的要素も多々あるが、とくに第四巻には神学的、教義的要素（たとえば煉獄について）も含まれ、早くからとくに霊性、道徳的教訓の書として愛読され、八世紀以降ギリシア語に訳され、また九世紀以降は古英語に、一二世紀以降は古フランス語に翻訳されている。

5　『ヨブ記倫理的解釈』（Moralia in Job. 別名『大倫理書』（Magna Moralia）三五巻。本書は、助祭に叙階されて間もないグレゴリウスが教皇大使としてコンスタンティノープルに滞在中、ローマから同行した修道者たちの求めに応じ、また親友のセビリャのレアンデルの懇請のもとに口述、筆記され、五九五年ごろ、レアンデルに贈られた書である。「ヨブ記」に注釈を加える形で書かれているが、しかし厳密な注解書というより、修道者を対象にした霊的講話で、聖書の歴史的解釈はごく簡単に済ませ、とくに第五巻以降は比喩的、神秘的、倫理的（道徳的）意味に集中していく。こうして本書にはグレゴリウス自身の霊的生活が表明され、グレゴリウスの存命中から中世をとおしてキリスト教的道徳の教本として愛読されている。

6　『列王記上注解』（Commentarium in Librum Regum）六巻。本書は、修道院長クラウドゥスを相手に、またその背後にある聖・俗の読者を念頭において、「列王記上」の最初の一六章について『ヨブ記倫理的解釈』と似たような解釈を述べている。かれの関心の的は修道者と修道院、司祭職と説教、聖書学習のための俗学の必要ということで、本書はとくに司教たちによって重宝された。

7　『雅歌講話』（Commentarium in Cantica Canticorum）一巻。本書は、「雅歌」一・一―八を寓意的に解釈する二つの講話（全体で四六段落）からなる。グレゴリウスはそこで、人間に対する神の愛を歌う「雅歌」の詩文をキリスト（夫）と教会（妻）との間の愛、また夫婦間の愛の約束に関連付けて説明している。

そのほか、『書簡集』（Registrum epistularum Gregorii I）一四巻（第一四巻は未完）がある。これは、厳密な意味での著作ではないが、しかしグレゴリウスの人柄、活動をもっとも具体的かつ率直に示してくれるもので、本書の著者リシェもこれを多用している。この『書簡集』は、およそ八四八通（八五八通とするものもある。もちろんグレゴリウスはこれ以外にも多くの書簡を書いたと思われる）の書簡をその口述の年月の順にまとめたものである。これらの書簡は、東西の司教、領地の管理者、責任者、修道院長、修道者、俗人（王、皇帝、男女の友人その他）あてに書かれたもので、グレゴリウスが対応した人々、また当時のローマ帝国および教会がおかれた状況を具体的に伝える歴史的資料として、また倫理神学、教会法、典礼、中世における司牧神学の源泉のひとつとして注目されている。

ところで本書は、Pierre Riché, Petite vie de saint Grégoire le Grand, Desclée de Brouwer, Paris, 1995 の邦訳である。著者ピエール・リシェ（Pierre Riché, 1921-）は、初期西洋中世史研究の権威として知られるフランスの歴史学者である。フランス内外の大学で教鞭をとられたあと、一九六七年からパリ第十大学中世史の講座を担当され、一九八九年以降は名誉教授として、今なお、積極的に後進の指導、歴史関係の論文の執筆、学会活動に参与しておられる。リシェ教授は、一九八〇年秋、来日され、いくつかの大学において講演を行い、日本における西洋中世史研究者と交流をもち、深い感銘を残された。なお、本訳書の出版にあたっては、本書公刊後に発表された主要な大グレゴリウス研究書のリストをご送付いただいた。深く感謝申し上げたい。

リシェ教授の著作のうち、国際的に注目されている主要著作として次のものをあげておこう。

(1) Les invasions barbares, Paris, 1953.(ポルトガル語訳　一九五三年、邦訳　久野浩訳『蛮族の侵入――ゲルマン大移動時代』白水社、一九七四年)

(2) Education et culture dans l'Occident barbare, Paris, 1962.(伊語訳　一九六六年、英語訳一九七六年、邦訳　岩村清太訳『中世における教育・文化』東洋館出版社、一九八八年)

(3) Grandes Invasions et Empire (V^e-XIe siècles),Paris,1969.

(4) Ecoles et enseignement dans le Haut Moyen Age, Paris, 1979.(邦訳　岩村清太訳『ヨーロッパ成立期の学校教育と教養』知泉書館、二〇〇二年)

(5) Les Carolingiens. Une famille qui fit l'Europe, Paris, 1983.(独語訳　一九八七年、伊語訳

一九八八年）
（6）Gerbert d'Aurillac. Pape de l'An Mil, Paris, 1986（伊語訳　一九八八年）など。
（7）Petite vie de saint Bernard, Paris, 1989.（邦訳　稲垣良典・秋山知子訳『聖ベルナール小伝』創文社、一九九四年）
（8）Les Grandeurs de l'An Mil, Paris, 1999.

さいごになったが、本書の出版を快くお引き受けいただいた知泉書館の小山光夫社長、煩瑣な実務を担当された髙野文子氏にあつくお礼を申し上げたい。

二〇一二年九月三日　聖大グレゴリウス一世教皇の祝日に

岩村清太

岩村 清太（いわむら・きよた）
広島大学大学院教育学研究科博士課程中退。大東文化大学名誉教授
〔主要業績〕『ヨーロッパ中世の自由学芸と教育』知泉書館，2007年，『アウグスティヌスにおける教育』創文社，2001年，『教育原理』共著，協同出版，1982年，『西洋教育史』池上書店，1983年，『教育思想史』第2巻，共著，東洋館出版社，1984年，『西洋教育史』共著，福村出版，1994年。
〔主要訳書〕ドゥオダ著『母が子に与うる遺訓の書』知泉書館，2010年，H. I. マルー著『アウグスティヌスと古代教養の終焉』同上，2008年，P. リシェ著『ヨーロッパ成立期の学校教育と教養』同上，2002年，同『中世における教育・文化』東洋館出版社，1988年，H. I. マルー著『古代教育文化史』共訳，岩波書店，1985年

〔大グレゴリウス小伝〕 ISBN978-4-86285-159-8

2013年7月15日 第1刷印刷
2013年7月20日 第1刷発行

訳 者 岩 村 清 太
発行者 小 山 光 夫
製 版 ジ ャ ッ ト

発行所 〒113-0033 東京都文京区本郷1-13-2
電話03(3814)6161 振替00120-6-117170
http://www.chisen.co.jp
株式会社 知 泉 書 館

Printed in Japan 印刷・製本／藤原印刷

人名・地名索引

事項索引

サ　行

タ・ナ 行

ハ 行

マ 行

ヤ　行

ラ　行

訳　　註

序

1)　ハルナック（Harnack, Adolf von, 1851–1930）。ドイツのプロテスタント神学者，歴史学者。代表的著作『キリスト教の本質』（Das Wesen des Christentums, 1900. 邦訳，山谷省吾訳，1925, 1953, 1977）において，自由主義，歴史主義の立場から，福音の純化とともにキリスト教と文化との総合を目指した。

2)　モムゼン（Mommsen, Theodor, 1817–1903）。ドイツの歴史家。『ラテン碑文集』（Corpus Inscriptionum Latinorum（1861–）を創刊。主著『ローマ史』（Römische Geschichte, 5 巻 , 1854–56, 1885）その他の古代文化研究によりノーベル賞受賞（1902）。

3)　クローデル（Claudel, Paul, 1868–1955）。フランスのカトリック詩人，外交官，劇作家。外交官として米国，中国，日本などに駐在，東西文化にも深い理解を示す。古典語，神学，哲学にも精通し，その作品は厳格なカトリック精神によって貫かれる。代表的劇作として，キリスト教的な犠牲の意味を追求する『マリアへのお告げ』（L'annonce faite à Marie, 1912: 邦訳，木村太郎訳，昭和 35 年）や，全世界を舞台にした魂の救いを取り扱う『繻子の靴』（Le soulier de satin, 1924: 邦訳，中村真一郎訳，昭和 43 年）がある。

4)　ドゥッデン（Dudden, F. H.), Gregory the Great, His Place in History and Thought, 2 vol., London, 1905 参照。

5)　デュシューヌ（Duchesne, Louis, 1843–1922）。フランスのカトリック聖職者，フランス・アカデミー会員，歴史学者，考古学者。『六世紀の教会』（L'Eglise au VIe siècle, 1924）。近代主義の疑いをかけられ，没後に出版された。

6)　バティッフォル（Batiffol, Pierre, 1861–1929）。フランスの高位聖職者。神学者，教会史家。かれの Saint Grégoire le Grand, 1928 は，近代主義という当時の時代背景もあって，その視点には反対も多かった。

7)　マルー（Marrou, Henri-Irénée, 1904–1977）。フランスの古代・中世

史学者。主として，教育・文化，また教父学を中心に著書多数。かれの生涯および研究活動については，愛弟子で本書の著者でもあるリシェによる，"Henri-Irénée Marrou", Paris, 2003 がある。本書において参照されるマルーの論文は Vie spirituelle, 69（1943), pp.442–455 に掲載されている。

8）ルクレール（Leclercq, Jean, 1911–1993）。フランスの歴史学者，ベネディクト会修道者。中世の修道院文化，霊性の研究において多大な業績を残した。本書においては，とくにかれの L'amour des lettres et le désir de Dieu, 3e éd., Paris, 1950（邦訳，神崎忠昭・矢内義顕訳『修道院文化入門』知泉書館，2004 年，35–49 頁）が参照されている。本書の第 2 章は大グレゴリウスの霊性に当てられている。同じくグレゴリウスを取り扱うルクレールの著作としては，*La spiritualité du Moyen Age*, t. II, l'*Histoire de la spiritualité chrétienne*, Paris, 1961 の抄訳，岩村清太訳「大グレゴリウスの思想」上智大学中世思想研究所『キリスト教神秘思想史』2，第 1 部第 2 章，平凡社，1997 年もある。

9）ジレ（Gillet, Robert), Sources Chrétiennes, 32 bis, Moralia in Job の序，Paris, 1950.

10）ダジャン（Dagen, Claude), Saint Grégoire le Grand, culture et expérience chrétiennes, Editions Augustiniennes, Paris, 1977.

第 1 章　古代ローマ人グレゴリウス

1）フェリクス（Felix III（II), ローマ教皇 在位 483–492）はグレゴリウスの曽祖父の父。アガペトゥス一世（Agapetus I, ローマ教皇 在位 535–536）はグレゴリウスの親戚。

2）カッシオドルス（Cassiodorus, F. M. A., 487 頃–583 頃）。ボエティウスの後を継いで東ゴート王テオドリクに宰相として仕えたが，550 年頃，イタリア南部のカラブリア地方にヴィヴァリウム修道院を創設，観想生活を目指させ，その準備として聖・俗の学問の修得を勧告した。代表的著作として，『綱要』（Institutiones divinarum et saecularium litterarum）上智大学中世思想研究所，田子多津子訳『中世思想原典集成』5，平凡社，1993 年。この『綱要』第一巻序においてカッシオドルスはアガペトゥス教皇の図書館に言及しているが，おそらくその蔵書がかれのもとに運ばれていたのであろう。

3）トティラ（Totila, 東ゴート王 在位 541–552）。イタリアにおける東

ゴート王国の拡大を目指し，東ローマ帝国から南イタリアを奪いローマを占拠したが，イタリア再征服を目指すユスティニアヌス配下の将軍ナルセスとタギナエに敗れた。

4）ユスティニアヌス（Justinianus, 東ローマ皇帝 在位 527–565）。ペルシアの侵入を撃退，アフリカのヴァンダル，スペインの西ゴート，イタリアの東ゴートを退け，かつての版図の回復に努めた。『ローマ法大全』（Corpus juris）を編集させたことは有名。

5）ベリサリオス（Belisarios, 505 頃–565）。東ローマ帝国の将軍。ユスティニアヌスによる版図の再征服において実戦にあたる。

6）ナルセス（Narses, 478 頃–573 頃）。東ローマの将軍。ユスティニアヌスの再征服においてベリサリウスを援け，のちかれに代わってゴート，フランク，アラマン族を駆逐し，ラヴェンナで軍民両政の権限を実施し，ローマで没。

7）ヴィギリウス（Vigilius, ローマ教皇 在位 537–555）。「三章論争」でユスティニアヌス帝に対し曖昧な態度をとり，ローマ教会と東方教会との分離，また教皇座からの西方教会の一部の離反の一因をつくった。

8）『プラグマティク・サンクション』（Pragmatique Sanction）。国事詔書とも訳される。国王の発する詔書で，国家の基本法としての性格をもつ。

9）トゥールのグレゴリウス（Gregorius Turonensis, 538/39–549）。トゥールの司教，歴史家，メロヴィング朝有力者のひとり。かれの『歴史 10 巻』（Historia libri 10. 別称『フランク史』Historia francorum）はメロヴィング期の歴史を知る重要な資料。しかしそれ以前の歴史についてはあまり信用できない。邦訳，兼岩正夫・台幸夫訳注，『歴史十巻』（I 昭和 50 年），（II 昭和 52 年），東海大学出版会，II, 409 頁参照。

10）レアンデル（Leander de Sevilla, 549 以前–600 頃）。セビリャの大司教。当時，スペインを支配していたアレイオス派の西ゴート族をカトリックに改宗させた。コンスタンティノープルにおいて教皇使節であった大グレゴリウスと深い友情を結んでいた。

11）トラヤヌス（Trajanus, H. U. C., ローマ皇帝 在位 98–117）。スペイン出身。属州出身の最初の皇帝。対外的には，ローマ帝国最大の版図を実現。また救貧制度，道路などインフラの整備をもって充実した内

政を行い，いわゆる五賢帝のひとりに数えられる。グレゴリウスは，自分自身の栄達よりも帝国への奉仕に生涯を捧げたとしてトラヤヌスを高く評価している。

12） フォカス（Phocas, 東ローマ皇帝 在位 602–610）。百人隊長であったが，暴動を起こした兵たちに押されてマウリキウス帝を殺し皇帝になった。のちヘラクリウスがかれを殺し，東ローマの帝位に就いた（在位 610–641）。

13） ランゴバルド族（Lombards）。ゲルマン人の一部族。紀元前後，エルベ川の下流に居住したが，のち南下してイタリア北部にランゴバルド王国を建設（568 年）。アギルルフ王（在位 590–616）のときカトリックに改宗し，ローマ人およびカトリック教会との融合を図ったが衝突は絶えず，教皇はかれらを抑えるためフランク族に頼り，ランゴバルド王国はフランク王カール大帝（在位 768–814）によって滅ぼされた（774 年）。

14） これと同時に，グレゴリウスはシチリアの所領に六つの修道院を創設したと言われている。これらの修道院にベネディクトの「会則」が導入されていたかについては，定かではない。

第 2 章　修道者グレゴリウス

1） ボエティウス（Boethius, A. M. S., 480 頃–524 頃）。古代末期のローマの哲学者。東ゴート王テオドリクに仕え，ギリシア・ローマ文化の振興をはかり，プラトン，アリストテレスの全著作のラテン語訳，注釈を目指したが，志半ばにして，謀反の疑いをかけられ，刑死した。しかしかれによるアリストテレス，ポルフュリオス，ニコマコス，プトレマイオスなどの著作のラテン語訳と注釈，かれの『三位一体論』（De Trinitate）などは，ギリシア語を解さなくなっていく西方の知識人，のちのスコラ学に重大な影響を与えた。

2） トゥールのグレゴリウス，上掲書，（II），409 頁参照。

3） ベネディクト（Nursia の Benedictus, 480 頃–547/560）。イタリアの修道者，ベネディクト会の創始者。その『会則』（Regula monachorum, 邦訳　古田暁訳『聖ベネディクトの戒律』すえもりブックス，2000 年）をもって，西欧修道霊性の父となる。モンテ・カッシーノに修道院を設立。共住性，観想と活動のバランス，修道生活への知的要素の導入，禁欲に対する平衡感覚の重視，中庸の精神を重

視。かれの伝記としては，大グレゴリウスの『対話』第二巻が重要な資料である。

4)　カッシアヌス（Cassianus, Joannes, 360 頃–430 頃）。黒海西岸生まれ。ベトレヘム，エジプトで修道生活を研鑽，のちマルセーユ近くに男子，女子のためそれぞれの修道院を設立。主著『共住修道院の諸制度と八つの罪源の治療』（De institutis coenobiorum et de octo principalium vitiorum remediis）と『教父たちの対話』（Collationes patrum）は西方の修道制に重大な影響を与えた。

5)　ラテラノ（Latéran）。ローマ市内の地区名。教皇大聖堂があり，またアヴィニョン幽囚（1309 年以降）まで教皇の宮殿があった。それはのち，ヴァティカンに移された。

6)　自由学芸（arts libéraux）。古代から中世にかけて，当初は哲学学習のため，のちのキリスト教世界においては聖書学習（神学）のための基礎教養と目された諸学科。主として，文法学，修辞学，弁証法，算術，幾何学，天文学，音楽の七科目。

7)　エゼキエル（Ezechiel, 前 6 世紀）。イスラエルの預言者，指導者。「エゼキエル書」の著者。ユダヤ民族第一回の捕囚（前 598 年）により，バビロニアに連行された。エルサレムの破壊と民族の復興を預言，復興後の新しい共同体の在り方を教示した。

8)　オリゲネス（Origenes, A., 184/185–253/254）。ギリシアのキリスト教神学者。一般教養と哲学を学び，プラトン主義，グノーシス主義などを援用して聖書の教えの体系的把握に努め，膨大な数の聖書注釈，講話などを著した。聖書の比喩的解釈を重視し，字義的，道徳的，比喩的といった三重の意味を求めた。こうした聖書解釈から異端の嫌疑をかけられたこともあったが，聖書神学者としては，アウグスティヌスと並ぶ古代の代表的神学者である。

9)　ペラギウス二世（Pelagius II, ローマ教皇 在位 579–590）。ローマ生まれのゴート人。アレイオス派の西ゴートをキリスト教に改宗させ，かれらをもってランゴバルドに対抗，またコンスタンティノープルの総主教が「世界的」（オイコノモス）と自称したことに反対して，西方教会の威信を保とうとした。かれのあと教皇座に就いたのが大グレゴリウスであった。

10)　助祭（diacre）。語源的には「奉仕者」（diakonos）を意味する。聖職位階において，司教，司祭の次に位置し，聖書朗読その他の秘跡の

挙行においてかれらを補佐し，また教会資産の管理，とくに貧者の救済にあたった。

11）　ティベリウス二世（Tiberius II, 東ローマ皇帝 在位 578–582）。かれのあとを継いだのが，大グレゴリウスとも文通のあったマウリキウス帝である（第 3 章注 1）参照）。

12）　Dagen, Saint Grégoire le Grand, 1977.

第 3 章　ローマの司教グレゴリウス

1）　マウリキウス（Mauricius, 東ローマ皇帝 在位 582–602）。アンティオキアの総主教アナスタシオスに命じて大グレゴリウスの『司牧指針』をギリシア語に訳させた。ペルシア，アフリカ地方において領土を拡張したが，極度の緊縮財政を施行したため，軍隊の反乱に逢い，フォカスに帝位を奪われた。

2）　トゥールのグレゴリウス，『歴史十巻』II，409–410 頁参照。

3）　司教（évêque）。語源的には「監督」（episkopos）を意味する。司教は，キリストの十二使徒の後継者として，信徒を教え，導き，聖なるものにするという教会の根本的使命を託されている。かれらは十二使徒のかしらペトロの後継者である教皇のもとに「司教団」を構成し，その連帯のもとに，ある国あるいは地方の一区域（「司教区(dioecesis)」という）を分担してキリストの代理者としての聖務を果たす。

4）　Dagen, op. cit.

5）『リベル・ポンティフィカリス』（Liber Pontificalis）。初代教皇ペトロからピウス 2 世（在位 1458–1465）までの歴代教皇の伝記で，教皇史を知る上でもっとも重要な資料の一つ。

6）　アレイオス派（Ariens）。アレイオス（Areios, 250 頃–336 頃）によると，人間キリストには霊魂はなく，かれに宿るロゴスがその役割を果たし，またキリストは神によって創造されたものであるとして三位一体の教義に反対。かれの説は，325 年のニカイア公会議によって断罪されたが，その後も支持者は多く，政治とも絡んで，5 世紀半ばまで主にゴート族の間に信奉された。

7）　アギルルフ（Agiluluf, ランゴバルド王 在位 590/591–616）。先王アウタリのやもめテオドリンデと結婚。

8）　アッティラ（Attila, フン族の王 在位 434–453）。中央ヨーロッパ，

東ローマ帝国を席巻して北イタリアまで進出したが，教皇レオ一世の説得を機にローマ侵略を中止し，退去した。

第4章　管区大司教

1）管区大司教（あるいは首都大司教（métropolitain））。キリスト教会は，歴史の流れのなかで，グレゴリウスの時代もそうであったが，ローマ帝国の行政機構に即して教会組織を案出し，いくつかの司教区を連合して管区（provincia）として管轄していた。あるいは首都もしくは主要都市の司教がその行政区画内のいくつかの司教区の司教，信徒たちの信仰生活に関して一定の権限を有し，教会一致，信仰の正統性の維持を図った。

2）パウルス・ディアコヌス（Paulus Diaconus, 720頃–797頃）。ランゴバルト族のひとりでモンテ・カッシーノの修道者，歴史家。『ローマ史』（Historia Romana, 364–533）をもって，ゴート人の支配までのローマの歴史を書いた。『ランゴバルド史』（Historia gentis Longobardorum, 787年以降）もある。

3）モンテ・カッシーノ（Monte Cassino）。ローマとナポリの中間にある山の名。529年，ヌルシアのベネディクトがここに修道院を建設，そこで遵守されていた『会則』の普及とともに，西欧修道制の起点，象徴となった。ランゴバルドによって破壊されて以来（581年），幾多の興亡を繰り返し，最終的には第二次世界大戦後の復興を経て（1945–59）現在に至る。

4）『グラティアヌス法令集』（Decretum Gratiani, 1140年頃）。イタリアの修道者で教会法学者のグラティアヌス（12世紀）が編纂した法令集。聖書，教父文献，公会議，教会会議の教令，教皇令など約4,000点を命題ごとに集大成し，それらの整合性を図ったもの。

5）Jules Isaac, L'antisémitisme a-t-il des racines chrétiennes? Paris, 1960.

6）ドミニクス（Dominicus, 1170以降–1221）。スペインの修道者。司祭になり，説教をもってアルビ派の回心を目指し，次第に仲間を集め，「説教者修道会」（Ordo praedicatorum，通称「ドミニコ会」）を結成，アウグスティヌスの「会則」を取り入れ，説教と同時に学問研究を修道生活に組み込んだ。会員のなかでとくに有名なものに，アルベルトゥス・マグヌス（Albertus Magnus, 1193頃–1280），トマス・アクィナス（Thomas Aquinas, 1225頃–1274）がいる。

第５章　西方の総主教グレゴリウス

1)　総主教（patriarche）。キリスト教会は，4 世紀から 7 世紀にかけて，ローマ帝国内のもっとも重要な管区大司教（あるいは首都大司教）は，その管区内の裁治権を吸収して，「総主教」（西方では総大司教）と呼ばれるようになった。東方では，コンスタンティノープル，アレクサンドリア，アンティオキア，エルサレムの司教がそうであり，西方では，ローマの司教がそうである（邦語では，東方教会については総主教と呼び，西方教会では総大司教と呼び習わしているが，こうした呼称は本書第 6 章で取り扱うローマ教会首位権の確立以後のことであり，また本書の著者も東西双方の教会について patriarche という語を用いているので，あえてこれを直訳して「総主教」とした）。

2)　パリウム（pallium）。教皇と管区大司教が典礼において祭服の上に着用する幅 5 センチほどの帯状の首飾り。司教職の十全を象徴するとされている。東方教会では 4 世紀頃から，西方教会では 6 世紀以降慣習化されたと言われる。

3)　「三章問題」（controversia trium capitulorum）。三章とは，モプスエスティアのテオドロスとキプロスのテオドレトスの著作，エデッサの司教イバスがマリに宛てた書簡の三文書を指す。皇帝ユスティニアヌスはこの三章にはネストリオス主義的要素（キリスト単性説つまりキリストの神性の否定）があるとしてこれを断罪した。これに対しヴィギリウス教皇は曖昧な態度をとり，それに伴って一部の司教たちの離反など種々の混乱を引き起こしたが，最終的には三文書の断罪で決着した。しかし西方教会では司教団と教皇との対立を誘発し，それはヨアンネス三世教皇（在位 561–574）まで続いた。

4)　ネストリオス主義。コンスタンティノープルの総主教ネストリオス（Nestorios, 381 頃–451 頃）は，マリアを「神の母」と呼ぶことに反対し，キリストの人性は認めても神性は否定して，エフェソス公会議（431 年）において断罪された。

5)　テオドリンデ（Theoderinde）。ランゴバルド王アウタリ（在位 584–590）の后，王が死去したあと，亡父の義兄弟のアギルルフ王（在位 590–616）と再婚。彼女の影響でアギルルフはランゴバルド最初のカトリック王となった。

6)　キプリアヌス（Cyprianus, Th. Caecilius, 200/210–258）。カルタゴの司教，殉教者，教父。デキウス帝の迫害後，棄教者のカトリックへの

復帰の条件をめぐって論争。晩年には，アフリカ教会の伝統に従って，異端や棄教者による洗礼の無効を主張し，再洗を唱えてローマ教皇ステファヌスと対立。さいごは，ヴァレリアヌス帝治下の迫害により殉教。

7）　ドナトゥス派（Donatistes）。ドナトゥス（Donatus, カルタゴの司教在職 313–317）によると，教会は聖なるものである以上，一旦棄教した聖職者による秘跡は無効であり，かれらから受洗したキリスト教徒は再洗されるべきである。断罪されたあともかれの支持者は絶えず，最終的には 411 年のカルタゴ教会会議によって法的に禁圧された。ドナトゥス派に対する最大の論駁者はヒッポのアウグスティヌスであった。

8）　レカレード一世（Reccared I, 西ゴート王 在位 586–601）。セビリャのレアンデルの影響のもとに，西ゴートとローマ人との融合を図るため，一族をあげてアレイオス派からカトリックに改宗。イシドルスは，かれをスペインの霊的統一のシンボルとして称えている。

9）　クロヴィス（Clovis, フランク王 在位 481–511）。ガリア諸地方を征服し，ガリア系とローマ系の住民を懐柔するため，正統派カトリックに改宗。ローマ教会と東ローマの支持を得て，メロヴィング朝フランク王国の基礎を築いた。

10）　メロヴィング朝（家）（Mérovingiens）。ゲルマン人の一部族フランク族の王家で，その名称はサリ族メロヴェヒ（5 世紀中頃）から来るといわれる。メロヴェヒの孫クロヴィス（上掲注参照）の受洗によりフランク族はゲルマン人のなかで唯一教会の保護者となり，これによってその勢力を拡大した。かれらはアルプス以北の大部を支配したが，分割相続により内部抗争を繰り返して勢力を失い，ついには，カロリング朝に取って代わられた（751 年）。

第 6 章　教皇大グレゴリウス

1）　教皇（pape）。ローマ・カトリック教会において，ローマの司教は，「司教団」のなかにあって最高の統治権と教導権をもつ。それはかれが，キリストによってその代理者，使徒たちのかしらとして立てられたペトロが最終的に着座していた教座の後継者であるからである。教皇としてのローマの司教の首位権の確立において，グレゴリウスは多大な困難に遭遇している（本書，第 6

章参照)。

2) 聖マルコ（Marcus)。新約聖書全体では，何人かの人物がマルコと呼ばれているが，ここで言われているマルコは，「使徒言行録」とその後の伝承をもとに語られている。「使徒言行録」によると，マルコはパウロ，バルナバとともに福音伝道に活躍している。伝承によると，のちマルコはペトロのローマでの伝道に通訳を務め，ペトロの説教をもとに第2福音書を執筆したとされるが，現在，この伝承は精確さに欠けるとされている。また他の伝承によると，マルコはペトロの命によってアレクサンドリアの教会を創設し，司教としてこれを司牧し，そこで殉死したとも言われているが，これも信憑性に乏しいとされている。

使徒ペトロ（Petrus Apostolus)。キリストがとくに選出した十二使徒のかしらで，代弁者。キリストがメシアであることを最初に宣言し，この信仰に対してキリストはかれを教会の礎石（ギリシア語では岩を意味するペトロという名に懸けて）と定めた。原始教会において中心的な指導者として活躍し（7年間アンティオキアにいた，と大グレゴリウスは言っている)，晩年ローマに来て，皇帝ネロ（Nero, 在位 54–68）の迫害下に殉教した（67年頃)。

3) アナスタシオス（Anastasios I, アンティオキアの総主教 在職 565–578)。皇帝ユスティヌス二世により罷免されたが，のちの皇帝マウリキウスの治下，教皇グレゴリウス一世の依願により復位。グレゴリウスの『司牧規則』をギリシア語に訳した。

4) エウロギオス（Eulogios, アレクサンドリアの正統派司教 在職 580–607/608)。大グレゴリウスと親しく，書簡を取り交わす。キリスト単性説を論駁。

5) マルキオン派（Marcionites)。マルキオン（85/90–160頃)。ポントス出身の異端的聖書学者，神学者，広義でのグノーシス派。キリストにおける新約の神を真の神とし，キリストの教えを伝えるパウロこそ恩恵と愛の使徒であるとして，ユダヤ教と旧約を否定し，パウロの書簡とルカ福音書だけを正典とした。

6) アウグスティヌス（初代カンタベリ大司教 Augustinus Cantuariensis, 550頃–604)。アングロ・サクソン人への宣教師。。かれの宣教活動についは，本書第8章参照。

7) 第8章　注8）参照。

第 7 章　預言者グレゴリウス

1)　バビロンの捕囚。前 597 年，ユダ（南王国）はバビロン王ネブカドネツァル二世（在位 前 604–562）によって鎮圧され，住民はバビロンに連行された（第一次捕囚）。前 587/586 年，再びユダ王国は滅ぼされ，下層階級の多くがバビロンに強制移住させられた（第二次捕囚。これが一般にバビロンの捕囚と言われている）。

2)　ナホム（Nahum）。ユダ王国の預言者で「ナホム書」の内容を語ったとされている。つまり神の怒りによるニネヴェの陥落とアッシリア帝国の滅亡を預言。

3)　ニネヴェ（Ninive）。アッシリア帝国の首都。文化の中心地であったが，バビロンの捕囚によって滅ぼされ（前 612 年），ローマ時代には，栄光から滅亡を示す神話的な地として語られていた。

4)　ミカ（Michée）。前 8 世紀にユダ王国で活動した預言者。北の王国のエルサレムの滅亡を預言。

5)　エセルバート（Etherbert, ケント王 , 在位 560–616）。フランク王シャリベール（Charibert, 在位 561–567）の娘でキリスト教徒のベルタと結婚。アウグスティヌスを団長とする宣教団を迎え入れ，多くの臣下とともに洗礼を受け，諸所に修道院，教会を建設して宣教団を支援した。またローマ法をもとに最初のアングロ・サクソン法典を発布した。

6)　サタン（Satan）。本来は,「敵」,「仇」を示す普通名詞。しかし「ヨブ記」第 1，第 2 章では，サタンは神の使いで，人間を試みる超人間的存在とされている。新約聖書では，この世を支配する神の敵（「ヨハネによる福音書」12,31）であるが，世界の終末にキリストによって滅ぼされ，永遠の地獄に落とされる。

7)　アンティキリスト（Antichrist）。反キリストとも訳される。広義には，終末時にキリストに対抗して現れて人々を惑わし苦しめるが，最終的にはキリストによって滅ぼされる悪魔的存在として言われている。

8)　グレゴリオ・ミサ（missae gregorianae）。中世の西方教会において，死者のために 30 日間連続で捧げられたミサ。そのもとになる伝承は，大グレゴリウスの『対話』IV, 55 にある。修道者ユストゥスが 30 日間のミサのあと，煉獄から救われたという告知があったとされる。

9)　エウテュキオス（Eutychios, 512–582）。コンスタンティノープルの

総主教。キリストの肉体が本性上腐敗しえないものであるという皇帝の神学説に反対して追放されたが，のち復帰した。

10）　パルジア（Parousie）。キリストの再臨。新約聖書によると，キリストは天から再び降り，それに伴って死者は復活し，全面的な裁きが行われ，古い世界は新天地に取って代わられ，全被造物が新たになり，神の国が設立される。その時期は，「ヨハネの黙示録」第20章の字義的解釈からキリストの最初の来臨から千年後とされ，「千年王国説」が生まれ，中世社会を混乱に陥れた。

11）　隅の親石（pierre angulaire）。家屋の建築の際，外側の角（隅）におかれた石を指す。旧約聖書では，安定，守護，支持，土台といった象徴的意味をもっている（「ヨブ記」38・6,「エレミア書」51・26など参照）。新約聖書では，教会のかしら，礎石としてのキリストを示す（「マタイによる福音書」21・42;「マルコによる福音書」12・10;「ルカによる福音書」20・17など参照）。

第８章　アングロ・サクソン人の改宗

1）　尊者ベダ（Beda Venerabilis, 673頃–735）。ベネディクト会の修道者。イギリスの神学者，聖書学者，歴史家，聖人。ジャローの修道院で一生を送り，祈りと研究，教授に専心。主著としては，『イギリス教会史』（Historia ecclesiastica gentis Anglorum, 731，邦訳，長友栄三郎訳『イギリス教会史』創文社，1965年）がある。

2）　Beda Venerabilis, Historia eccles., II, 1: 長友訳『イギリス教会史』101頁参照。

3）　ティエリ王（Thierry I, 533年没）。クロヴィスの長男。

　テオデベルト王（Théodébert II, アウストラシアの王 在位596–612）。

4）　Beda Venerabilis, Historia eccles., I, 23 : 長友訳，上掲書，52–53頁。またイギリス宣教全体については，op. cit. I, 23–34: 長友訳，52–93頁参照。

5）　Batiffol, Saint Grégoire le Grand, Paris, 1928 参照。

6）　コンスタンティヌス一世（大帝）（Constantinus, Flavius Valerius, ローマ皇帝 在位 西部副帝306–310, 西部正帝310–324, 単独皇帝324–337）。東西帝国統一の必要性を痛感し，その中心としてコンスタンティノープルを建設。また自分の支持勢力にキリスト教を加えようと

して，それまでの迫害から受容の態度をとった。また同じ動機から，キリスト教会内の教義的一致にも配慮し，死の床でアレイオス派の司教から受洗した。

7）　ヘレナ皇后（Helena, Flavia Julia, 255 頃–330 頃）。コンスタンティヌス大帝の母，聖人。政略により離婚させられたが，のちキリスト教に改宗，大帝とともにキリスト教を保護した。キリストの十字架を発見したと言われる。

8）　メッリトゥス（Mellitus, ? –624）。ローマの修道院長であったが，601 年イギリスへの第二次宣教団の団長として大グレゴリウスにより派遣され，のち第三代カンタベリ大司教となる。地方色を加味したイギリス教会の制度，典礼を組織した。

9）　抜粋集 11 参照。

10）　リッチ（Ricci, Matteo, 1552–1610）。イタリアのイエズス会士。中国におけるキリスト教伝道の開祖。中国の知識人に世界地図，天文学，数学など西洋の学術を伝授。一方，中国の言語，風俗をキリスト教に取り入れて，適応させたが，こうした適応主義が後進の宣教団との間に，とくに先祖を祀る儀式への中国人キリスト教徒の参加をめぐって論争が起こり，最終的には，教皇庁は中国的祭祀へのキリスト教徒の参加を禁止した。

　ノビリ（Nobili, Roberto de, 1577–1651）。イタリアのイエズス会士。南インドに宣教。カースト制度を容認。インド文化に順応する宣教方法を用いたが，他の宣教団などの反対により，一時，宣教を中止せざるをえなかった。ヨーロッパ最初のサンスクリット学者として有名。

11）　ヘンリ八世（Henry VIII, イングランド王 在位 1509–1547）。即位すると，アラゴン（スペイン）のキャサリンと結婚，政略，戦争により国威発揚に成功，宗教的にはルターの宗教改革に反対し「カトリック信仰の擁護者」と称されたが，王妃キャサリンとの離婚が容認されなかったことから，教皇から離反，自ら「地上唯一の最高首長」となり，ローマ・カトリック教会から独立した英国教会を発足させた（1534）。

第 9 章　ヨーロッパ最初の教皇大グレゴリウス

1）　マルティヌス一世（Martinus I, ローマ教皇 在位 649–655）。キリスト単意説に反対し，ビザンティン皇帝コンスタンス二世と争い，クリ

ミア半島に追放され，そこで没す。東西双方の教会から殉教者として崇敬されている。

2）ペパン短躯王（Pépin le Bref, フランク王 在位 751–768）。カール大帝の父。メロヴィング家のアウストラシア王シルデリック王を廃して，ボニファティウス教皇から塗油を受け，カロリング朝を開いた。ランゴバルド族に勝って，その地を教皇に献じ，教皇領の基礎を作った。

3）イシドルス（Isidorus da Sevilla，セビリャの大司教 , 在職 560 頃–636）。神学者，百科全書家。西方ラテン教会さいごの教父。兄レアンデルの後を受けてセビリャの大司教となる。かれは，当代随一の学者で，古代ギリシア，ローマ文化をゲルマン世界に移植した。かれの代表的著作，『語源誌』（Etymologiae）は，百科全書とも呼ばれるべき書で，中世における参考書として重宝された。

4）カリスマ（charisma，神の賜物の意）。神の賜物のうち，「恩恵」(gratia) と訳されるものは直接的に受ける本人の聖化のためにあるが，「カリスマ」は受ける本人というよりは直接的には，受ける本人以外のものを教え指導するための超人間的・非日常的な資質で，英雄，預言者などに見られる。

5）ギボン（Gibbon, Edward, 1737–1794）。イギリスの歴史家。フランス，イタリアへの旅の印象に動かされ，ローマ史の記念碑的な名著 “The History of the Decline and Fall of the Roman Empire（1776–1788)”, vol. 7,1895: 邦訳，村山勇三訳『ローマ帝国衰亡史』全 10 巻（岩波文庫，昭和 26–34 年）を著した。かれは，キリスト教の導入とゲルマン人の侵入をローマ衰亡の主要因としている。

6）カエサル（Caesar, G. J., 前 102–前 44)。ローマ最大の政治家。キケロと並ぶ雄弁家，『ガリア戦記』を後代に残した文筆家でもある。地中海諸地方の統治にたずさわり，またゲルマン諸部族を抑えてガリア征服の大業を成し遂げ，ローマの国家統治権を目指したが，政敵により暗殺された。かれはゲルマン攻略のなかで，ブリタニア人によるゲルマン支援の排除を口実に，二度，ブリタニアに渡っている（前 55 年と前 54 年)。しかし北方島国の地勢，気象の変化に翻弄され，ブリタニア部諸族の巧みな反撃に難渋して，ブリタニア南部（ケント地方とテームズ川北岸）を制しただけで諸部族と和平を結び，ガリアに引き上げた。イギリスでは，カエサルの侵攻により「大英帝国の歴史

は始まった」と言うものもいる。

7)　コルンバヌス（Columbanus, 543 頃–615)。アイルランド人の宣教者。修道者，聖人。ガリアに宣教し（590 年以降)，諸所にアイルランド系の修道院を設立。アイルランド教会の古い伝統，独特の厳格な修道規則，復活祭の日の設定などを固守したため，ガリアの聖職者たちと衝突したこともあるが，西欧中世の修道霊性への影響は大きい。

8)　Jean Leclercq, op. cit., 邦訳，『修道院文化入門』35 頁参照。

9)　ドゥオダ（Dhuoda)。カロリング期のセプティマニアの伯ベルナールの妻。『手引書』(Manuale，岩村清太訳『母が子に与うる遺訓の書』知泉書館，2010 年参照)。

10)　アルフレッド大王（Alfred the Great，イングランド王 在位 871–899)。デーン人の侵入を斥け，イングランド統一の基礎を築いた。アングロ・サクソンの諸法を集大成し，またフランクのカール大帝を模倣して学芸を振興し，ラテン語の多くの書を古英語に翻訳させ，また自ら，オロシウスの『世界史』，ボエティウスの『哲学の慰め』，ベダの『教会史』，大グレゴリウスの『対話』，『司牧規則』，『ヨブ記倫理的解釈』を翻訳した。

11)　アベラール（Abérald, Pierre, 1079–1142)。フランスの哲学者，神学者。パリとその近郊の修道院で教え，普遍論争においては唯名論論証の創始者となる。主著『然りと否』(Sic et non）に見られるように，神学に弁証法を取り入れ，信仰の立場から批判されたが，一貫して，理性と信仰の調和を求め，のちのスコラ的方法に強い影響を与えた。

12)　Henry de Lubac, Exégèse Médiévale, Les quatre sens de l'Ecriture, Paris,I, II（1959), III（1960）のうち，とくに III, p.647–656 参照。その大意は，本書第 2 章「聖書の読書」の項に取り入れられている。

第 10 章　聖なる人グレゴリウス

1)　ウィリブロード（Willibrord, 658–739)。聖人。イングランド北部ノーサンブリア出身。ユトレヒトの司教。メロヴィング朝の庇護のもとにフリースランドに宣教。エヒテルナハにベネディクト会修道院を設立。のちにはデンマーク，チューリンゲン地方にまで宣教活動を拡大。

2)　Chazotte, Sacerdoce et ministère pastoral d'après la correspondance de saint Grégoire le Grand（590–604）参照。

3） Leclercq, L'amour des lettres et le désir de Dieu: 邦訳,『修道院文化入門』40 頁参照。

4） Batiffol, Saint Grégoire le Grand, Paris, 1928 参照。